ATHÉNA

Le Flambeau de la Victoire

IRIA DEL

ATHÉNA

Le Flambeau de la Victoire

2023 – ÉDITIONS DANAÉ

Crédits :

Couverture, création graphique et mise en page : Margot Gabaret
Suivi projet éditorial : Océane Richard
Correction : Sylvie Goin
Crédits couverture : illustrations aquarelle ©Alicia Mathieu, fond bleu ©iStock (Marje), vecteurs titre ©Shutterstock (Atlnts99).

ISBN : 978-2-38062-067-2
Dépôt légal : juin 2023

Éditions Danaé
Une marque du groupe éditorial Piktos.
355, rue de la Montagne-Noire – 31750 Escalquens
contact@piktos.fr

Retrouvez-nous sur les réseaux sociaux
Facebook @editionsdanae
Twitter @AllianceMagique
Instagram @editionsdanae

À PROPOS DE L'AUTEURE

Iria est auteure de livres et d'oracles à l'approche alchimique et sorcière. Le but de ses écrits est de se faire la voix des mondes invisibles qu'elle perçoit afin d'en comprendre la sève spirituelle, hors de tout dogme. Praticienne d'une sorcellerie éclectique, elle met au cœur de ses valeurs l'indépendance initiatique et la souveraineté de l'individu. Elle invite à refondre les mythes à l'infini pour les arpenter de façon intime.

Créatrice d'une cartomancie rituelle et transformatrice qui mélange divination et alchimie, elle propose des tirages et formations en ligne.

Sommaire

Entrée en matière guerrière

Athéna est une déesse que j'ai longtemps fantasmée. Je la voyais comme l'incarnation de la femme indépendante, battante, intelligente, digne et noble. Elle m'inspirait un grand respect et je l'imaginais un brin intouchable. Une déesse impressionnante, inatteignable, qui ne pouvait accorder ses faveurs qu'à des profils hors norme. J'avais sûrement raison sur bien des points, mais je me trompais sur d'autres. Tout d'abord, j'associais Athéna, avant toute autre chose, à la guerre. Pourtant, c'est d'amour dont elle m'a parlé en premier lieu. Les divinités ont le chic pour me faire revoir toutes mes idées préconçues. Partout où vous chercherez, bien sûr, c'est de guerre dont on vous parlera la concernant. Et cette notion, j'allais le découvrir en grande partie grâce à elle, est motivée par l'amour. Nos idéaux, rattachés à notre intellect et à notre vie intérieure, sont également motivés, habités par l'amour. Athéna, déesse hautement intellectuelle et campant le rôle de la guerrière sage, ne pouvait pas échapper à la leçon que m'avait déjà enseignée Aphrodite : toute cause divine est imprégnée d'amour. C'est la semence suprême sans laquelle rien ne peut véritablement germer.

J'aurais d'ailleurs imaginé, en tant que médium, sorcière et néopaïenne, être approchée par une Athéna avant d'être réquisitionnée par une Aphrodite. Mais avant de bien comprendre la guerre portée par Athéna, il me fallait en saisir les bases. Et c'est là que de nombreuses personnes qui étudient les mythes de façon froide se trompent sûrement : Athéna, déesse vierge et intellectuelle, n'est en rien étrangère aux choses de l'amour. Elle en est simplement intrinsèquement ensemencée, dans sa sagesse si naturelle, et n'a point besoin d'aller le chercher à l'extérieur d'elle-même. Elle le comprend, il l'habite, et elle le dispense dans les innombrables dons, talents et cadeaux qu'elle fait à l'humanité. Elle incarne d'ailleurs, à elle seule, une fusion de polarités qui la rend complète et la place en porteuse de sens. Sa sagesse est acquise et dispensée avec amour. Un amour certes dépassionné, mais divin et puissant.

Je pensais également que l'appel d'une déesse aussi imposante se ferait avec fracas, comme un rappel de sa naissance tonitruante, jaillissement tout aussi douloureux qu'extatique, annonçant de grandes mêlées guerrières et de fascinantes épopées intellectuelles. Au diable mes illusions folkloriques ! Athéna est, sans aucun doute, la déesse qui m'a saisie de la façon la plus discrète qui soit, quand d'autres, avant et après elle, m'ont attrapée sans ménagement, me torpillant de leur essence et de leurs messages dans une sorte de décadence apocalyptique frisant l'obscénité. Athéna est arrivée, contre toute attente, en douceur, le pas feutré, le regard silencieux, un signe discret après l'autre, néanmoins bien présente. Cependant, l'élément le plus marquant et significatif de tous était bel et bien qu'elle ait fait son entrée explicite en plein milieu de ma grossesse, en 2016, et qu'elle m'ait parlé de la chose que je pensais lui être étrangère : l'amour. Pendant de longs mois, pas un mot, pas un signe, pas un rêve, pas une pensée n'effleura le concept de guerre dans notre cheminement ensemble. Je traversais cette période de ma vie dans une quiétude toute relative, interprétant la présence d'Athéna à mes côtés comme une protection finalement fortement auspicieuse alors que j'allais donner la vie à mon plus grand amour. Je me souviens même d'avoir verbalisé, enceinte jusqu'aux yeux, que le concept de guerre n'était pas quelque chose qui caractérisait mon cheminement spirituel et sorcier. L'incongruence de ces propos me gifle alors même que je rapporte ces paroles. Moi qui suis pourtant née un 18 juin, anniversaire de l'appel à la résistance par ce bon vieux général de Gaulle, une entrée dans le monde qui ne manquerait pas de m'être rappelée comme un ordonnancement prémédité n'ayant jamais fait partie des « heureux hasards » dont nous autres, humains, sommes si friands. La guerre ne m'avait pas encore éclaté à la figure, mais elle était partout en moi, autour de moi, patiente et décidée. Elle me réquisitionnerait quoi qu'il arrive. Et la présence d'Athéna n'était pas une fantaisie vouée à m'épancher des heures durant sur des concepts abstraits. Elle s'est placée exactement là où elle le devait. Au parfait moment. Avec l'impitoyable précision qui la caractérise. Postée avec les armes que je ne savais pas encore vouloir saisir. Prête. Dans son silence assourdissant, les yeux ouverts, fixant toute l'ombre qui allait se déverser pour me forcer à m'armer. Athéna, colonne vertébrale des guerriers. Indéfectible soutien de ceux et celles qui se battent pour une noble cause. Elle savait que cet amour me réveillerait et c'est dans cet amour qu'elle élut domicile, imposante et discrète, le compte à rebours de la bombe guerrière enclenché.

C'est donc elle qui m'a familiarisée avec le concept de guerre, qui, pourtant, recouvre toute l'essence de mon travail avec de nombreux guides depuis lors, dont certains étaient déjà présents avant elle. Mais c'est elle qui a tout initié. Sa guerre en est une de justesse, non violente tant que possible, intellectuellement acérée. « Tes mots seront des bombes. Parle ! » se mit-elle à me sommer au détour d'un chemin, avec une douce autorité. Avec le temps, mon lectorat, sans que je tente consciemment de l'influencer ouvertement sur ces notions, finit par sembler se mettre d'accord unanimement sur mes écrits. « Iria colle des claques et pose des bombes. » Athéna, fileuse hors pair, commençait à tisser ma narration guerrière. Je m'en étonnais quelque peu et souffrais autant d'incrédulité que d'un sentiment d'imposture, moi qui, depuis toute petite, étais qualifiée de « douce ». Mais Athéna n'était-elle pas, à mes côtés, tout aussi douce et silencieuse que j'avais pu l'être ? J'étais, mes yeux occupant tout mon visage, celle que « l'on n'entendait pas ». Athéna avait pourtant décidé qu'on allait m'écouter. En effet, habituellement discrète, cataloguée par les gens naturellement bruyants comme timide, j'ai toujours eu le chic pour, quand l'absurdité se faisait insupportable et les imbéciles se croyaient en force, car n'entendant que leurs bêlements comme commandements ambiants, finir par laisser mon besoin de justesse me rendre kamikaze en exposant mon point de vue avec une précision chirurgicale et une honnêteté piquante.

La prostitution intellectuelle et relationnelle qui fait fureur dans notre monde moderne m'a toujours fait horreur. Pour obtenir quoi que ce soit, il m'a régulièrement semblé qu'il fallait s'avilir d'une façon ou d'une autre ; que la performance n'était pas la véritable clé du succès, mais plutôt la capacité à s'agglutiner entre personnes souhaitant dominer autrui, avec ce funeste radar que possèdent ces créatures, certes limitées, mais investissant suffisamment de leur intelligence dans cet objectif de contrôle et de présence tentaculaire garantissant leur survie, comme système de navigation pour prospérer. Vous pourrez être les plus brillants, si vous n'avez pas la langue caressant le bon postérieur, vos ambitions seront souvent déçues. Être trop brillant est même potentiellement dangereux et l'on n'aura de cesse de persécuter les gamins trop intelligents et de les ostraciser jusqu'à créer un monde où l'on confond confiance en soi et brutalité. Notre monde est ainsi, injustement taxé de vouer un culte à la performance quand il favorise, au contraire, la domination. Et une société qui ne vit que pour dominer est, par essence, dirigée par des gens médiocres. Les êtres naturellement doués ne s'attardent pas à appuyer sur la tête des autres pour s'assurer une hégémonie. Ils vont suffisamment loin et vite pour ne s'inquiéter d'aucune compétition. Il n'y a que les fourbes à qui il manque quelque chose pour placer toute une panoplie de plafonds de verre contre lesquels se taper la tête et sous lesquels devoir ramper, dire poussivement merci et réclamer sans cesse des autorisations incongrues. Tentez de proposer, dans quelque microcosme que ce soit, de vraies solutions performantes qui libéreront du monde et distribueront les privilèges au lieu de les condenser et vous comprendrez vite les dynamiques en place. Et c'est là l'un des enseignements d'Athéna sur la guerre et la stratégie. Athéna parle, à travers tout cela, de pouvoir !

Pour parvenir à ses fins, il ne faut jamais demander la permission au « pouvoir en place », mais plutôt le contourner avec cette compréhension profonde que ce pouvoir passe ses journées à s'autocongratuler et dépense toute son énergie, non pas à aider autrui, mais à s'assurer de sa propre stagnation sur son siège de puissance illusoire. Ainsi, la guerre d'Athéna n'est pas forcément frontale, sanglante et dans la revendication bruyante. La déesse ne tend pas à devenir calife à la place du calife, ou plutôt Zeus à la place de Zeus. Elle tend à conforter le dominateur dans ses illusions crasses tout en le rendant obsolète par des moyens détournés mais efficaces. Elle lui fait même croire, à ce pacha glorifié, qu'il conserve la main sur son pitoyable sésame quand son doigt est en réalité irrémédiablement enfoncé dans son œil jusqu'à de sombres profondeurs. Cette dynamique, nous le verrons dans cet ouvrage, est particulièrement présente dans la relation entre Athéna et Poséidon.

Cette guerre innove. Elle veut gagner. Elle veut changer les choses. Elle est modernité plus qu'agressivité. Elle met en branle l'intelligence avant de viser le prestige dont elle n'a que faire. C'est ça, la guerre infusée d'amour divin ! Celle qui œuvre sans qu'on la soupçonne. En finesse. Pleine de silences et de saillies imprévues, armant ceux que l'on n'attend pas avec des moyens que l'on ne comprend pas davantage, mais qui feront à coup sûr avancer les justes. Cette guerre amène à la vraie victoire, celle du progrès. Et le progrès n'a jamais été la préoccupation des tyrans. Elle est plutôt celle des humanistes. C'est en cela, sans doute étonnamment, que je considère Athéna comme une déesse intrinsèquement humaniste, malgré sa provenance divine. En effet, son panthéon d'origine est davantage connu pour son dédain à l'égard de notre espèce. Mais les mythes le confirment : Athéna nous aime, nous protège et nous arme. Elle œuvre pour que nous œuvrions à notre tour. Elle est la déesse des humains.

Ma déesse tutélaire, la toute première à m'avoir appelée et touchée et à qui je me suis dédiée au début de mon parcours, est Lilith. Je la considère comme ma matrone. Athéna est arrivée plus tard sur mon chemin et n'a jamais cannibalisé mon lien avec Lilith. J'ai longtemps cherché un dieu patron. Aucun des dieux masculins avec qui je chemine n'a pris officiellement cette place, malgré la forte intimité tissée avec certains d'entre eux. J'ai alors reçu un rêve. Lilith me révélait qu'Athéna était « ma patronne ». Ce rêve m'a emplie d'une peur, celle d'être abandonnée par Lilith, ma déesse la plus proche, celle dont je me considère comme étant la fille. Lilith, comme Athéna, est restée silencieuse le temps que je comprenne le message. Un 28 mars, alors que je baignais dans les énergies de Pallas, autre nom d'Athéna, en cette date anniversaire de la découverte de son astéroïde, j'ai compris. Lilith est toujours ma matrone. La part féminine de mon équation alchimique. Athéna est quant à elle ma patronne, la part masculine ou androgyne de mon tout. C'est elle qui porte les valeurs masculines qui m'animent. Athéna, à l'ère où le genre est refondu dans l'athanor cosmique, a encore bien des merveilles à nous transmettre. Et sa fluidité est précisément l'une des thématiques que je souhaite véhiculer dans ce livre.

Je suis extrêmement heureuse qu'Athéna m'accompagne et m'inspire. Elle me rappelle l'importance de la justesse et du progrès dans les moments où je désespère face au sentiment prégnant que me défendre et protéger ce que j'aime par-dessus tout et ce en quoi je crois face aux énergies agressives me place encore plus dans la précarité. Le système actuel est bâti pour normaliser les dominations qui savent se faire discrètes tout en adoptant le masque de ce qu'il convient de montrer en société, quand les portes closes n'ont plus de voix. J'émets l'espoir que les yeux perçants de la grande stratège olympienne sauront nous recouvrir pour briser l'impunité, la tranquillité et les privilèges de ceux qui pensent pouvoir continuer à vivre par et pour la domination. Ceux qui se repaissent du silence des justes et qui ne vivent que pour survivre aux dépens de la liberté d'autrui, prônant un progrès qu'ils s'épuisent en vérité à démolir, car le progrès échappe à leur contrôle. Ces tyrans qui considèrent les autres comme des ressources, des obligés et des possessions. Je continuerai de me battre, à mon échelle, pour que ces yeux deviennent voix et que cette voix se fasse arme, et qu'au-delà de ma propre lutte, d'autres se saisissent du flambeau de la résistance à la tyrannie, où qu'elle se trouve. Et elle se loge, bien souvent, dans les endroits les plus discrets, mais également les plus douloureux.

Ce livre est une offrande d'amour (le fameux !) pour ce feu sacré et une munition pour l'esprit. J'y explore les mythes d'Athéna qui m'ont le plus marquée dans mon vécu intime de la divinité et vous en fournis une analyse initiatique à travers mon propre filtre afin d'inspirer qui s'y sentira appelé à entamer un travail alchimique avec la vierge guerrière. Il vous appartiendra de vous approprier ces mythes comme bon vous semblera. Mon souhait est que ma vision inspire la vôtre et participe à nourrir votre curiosité afin d'arpenter les sentiers de sagesse de la fille préférée de Zeus, pour la première fois ou de façon nouvelle. Puisse Athéna vous armer à travers ce que cet ouvrage soulèvera en vous, pour participer au progrès, grand ou petit !

ΚΑΛΛΙΣΤΗΙ

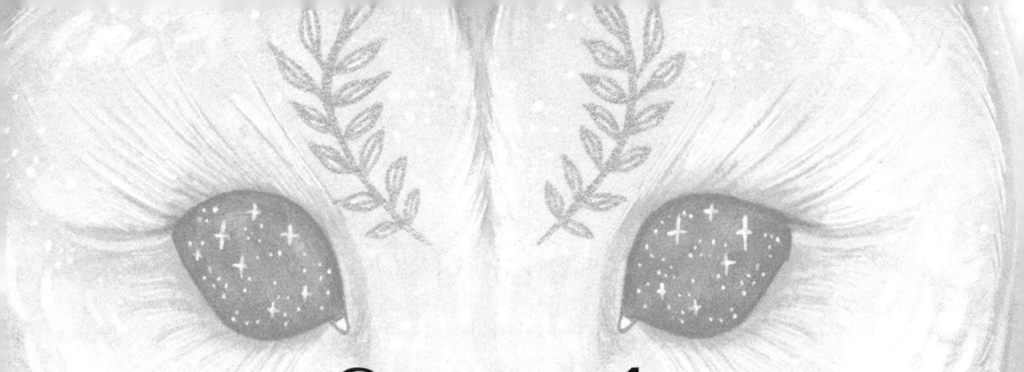

Chapitre 1
Le fruit d'une fusion de pouvoirs

Athéna est apparue à mes côtés lors d'une gestation, la plus importante de toutes dans ma vie. C'est tout naturellement que j'ai développé une fascination pour sa propre gestation, insoupçonnée, silencieuse. Je vois finalement un parallèle entre l'attitude de la déesse avec moi dans nos premiers instants et l'explosion qui suivit quand je finis par comprendre ce à quoi elle allait me former. Athéna est une eau dormante, liée à l'océan, territoire maternel, avant de surgir avec détonation en grands éclairs rugissants, fille de l'autre extrême vertical, le ciel divin. Son ascendance est fascinante et déterminante. Rien n'est laissé au hasard dans son identité.

Pour comprendre Athéna, j'ai dû approcher un minimum ses parents et vivre dans ma chair certaines initiations qui caractérisent l'épisode de sa naissance. Ainsi, le calme avant la tempête est un de ses procédés initiatiques préférés, elle qui est née et s'est souvent battue ainsi. Pour vaincre à la manière d'Athéna, il convient d'élaborer ses plans dans le silence, en une gestation discrète et géniale. Et le moment venu, jaillir avec ardeur, prête à ébranler tous les pouvoirs en place. Cette déesse est à l'image de son exceptionnelle venue au monde. C'est ce qui fait de sa naissance un portail initiatique clé.

Une naissance détonante

Athéna se démarque des autres dieux dès sa naissance. L'épisode se déroule en Libye, pays dont Méduse est également originaire, au bord du lac Triton (ou Tritonis), dans le jardin mythique des Hespérides, connu pour ses pommes d'or liées à l'immortalité, que l'on interprète pragmatiquement comme étant des oranges. Athéna est donc une déesse d'origine africaine avant d'intégrer la civilisation grecque de l'Antiquité et de nous parvenir telle que nous la connaissons aujourd'hui à travers les récits de mythographes, poètes, dramaturges et philosophes emblématiques. Certaines versions divergentes de sa naissance placent « Triton » comme un petit torrent traversant le sanctuaire de l'Alalkomeneion en Béotie. En Arcadie, on prétendait qu'Athéna était née dans le sanctuaire de *Zeus Lecheatos* à Alifeira, un village montagneux de la région. Le fait que les Athéniens eux-mêmes adhéraient à la version libyenne de la naissance de leur déesse tutélaire renforce toutefois cette première hypothèse. De plus, « Libye » était le nom d'une nymphe qui devint l'amante de Poséidon, dont elle eut plusieurs fils qui devinrent des rois du territoire, faisant ainsi le lien entre Athéna et son oncle. La zone appelée « Libye » par les Grecs de l'Antiquité n'était toutefois pas délimitée comme à notre époque. Ainsi, la Libye incluait une grande partie de l'Afrique du Nord-Ouest et désignait cette région dans son ensemble.

Athéna serait née le 3e ou le 28e jour du cycle lunaire, soit en lune ascendante, soit en lune sombre. La plénitude de la lune, et donc de la féminité, brille par son absence en ce qui la concerne. Athéna est effectivement bien plus liée à la pureté de la vierge et à la sagesse de la femme d'expérience. Elle ne s'arrondit pas dans la maternité bien qu'elle connaisse cette notion par des moyens détournés. Cette lune mince qui caractérise Athéna la masculinise et l'assèche quelque peu, en apparence, émotionnellement. C'est sa nature intellectuelle qui est exacerbée dans cette absence de rondeur, d'émotivité et de corporalité. Elle célèbre également, à travers cet aspect lunaire en alpha ou en oméga, mais jamais en cercle plein, bien plus les débuts et les fins que les apogées. C'est une déesse de quête et d'héroïsme qui ne se complaît pas dans la pleine lumière et les lauriers. Elle incite à se mettre en route et à ne jamais s'arrêter dans sa course. Elle initie et elle libère, mais jamais elle ne s'attarde dans le luxe, le faste et la complaisance. Cela peut la rendre quelque peu aride, mais c'est dans cette relative sécheresse féminine qu'elle saura prodiguer toute sa richesse, et notamment grâce à cette tête froide qui la distingue et la rend juste.

Fille de l'Océanide Mètis et du souverain olympien Zeus, la temporalité de sa venue au monde reste floue, les diverses sources et représentations artistiques se contredisant parfois. Cela ajoute aux mystères de sa naissance hors du commun.

Il apparaît cependant évident qu'Athéna naît avant les grandes guerres qui assoient le pouvoir de Zeus, car cette auguste héritière est déterminante dans l'accession à la toute-puissance pour l'Olympien. Nous pourrons d'ailleurs l'explorer plus en détail par la suite : toutes les femmes qui entourent Zeus, y compris sa fille, le consolident dans sa quête et sa conservation du trône céleste. Sa grand-mère, sa mère, ses femmes, sa fille, et même ses nourrices apportent chacune une pièce du puzzle glorifiant pour le roi suprême. Zeus n'est rien sans les femmes, et c'est pourquoi il en a un si grand appétit. C'est donc tout naturel que son enfant préféré soit une fille.

La première particularité de la jeune Athéna est qu'elle naît déjà adulte, à la manière d'Aphrodite Ourania, dont la genèse est encore plus célèbre grâce, notamment, à la peinture de Botticelli *La Naissance de Vénus*. Sa venue au monde est d'autant plus spectaculaire que la déesse de la sagesse surgit, tout armée et casquée, poussant un cri de guerre inextinguible qui affole ciel et terre. En cela, elle se distingue d'Aphrodite. Athéna n'est jamais nue, pas même à la naissance. Plus étonnant encore, c'est du crâne de son père que la jeune déesse émerge, sa mère ayant été avalée par ce dernier qui craignait que leur descendance ne le détrône. Athéna naît donc orpheline de mère, amplifiant la question du genre et du remplacement des générations la concernant, mais aussi et surtout en tant que fille préférée de son père, plaçant un faisceau pétaradant sur le sujet du complexe d'Œdipe.

Athéna est-elle une renaissance de sa mère, un concept appartenant entièrement à son père ou une nouveauté divine dont père et mère ne sont que la propre mue ? La question est d'autant plus intéressante qu'Athéna compte dans son bestiaire personnel un lien tonitruant à la sagesse du serpent. Athéna n'est ni une Océanide ni une Olympienne typique, bien qu'elle appartienne à cette dernière classe. En effet, elle n'aura de cesse de se mêler au genre humain et jettera un pont qu'aucun de ses congénères n'a osé matérialiser avant elle entre divinité et humanité. Elle annonce, quoi qu'il en soit, un progrès, une cassure, un bouleversement, et la violence de sa venue au monde l'amplifie.

Zeus, pris d'un mal de crâne irrépressible, est donc « accouché » par Héphaïstos, dieu de la forge, fils de son ultime femme, Héra, ou, selon les versions, par son grand rival et cousin, le Titan Prométhée, tous deux étant des divinités liées au feu et à sa maîtrise. C'est Hermès, dieu des alchimistes par excellence, qui comprend le premier l'origine des céphalées de son père et qui en avertit Héphaïstos afin d'agir au plus vite. Le sage-homme, armé d'une hache, frappe alors d'un coup sec le crâne du tourmenté souverain pour déclencher le détonant avènement de sa fille.

La présence d'Héphaïstos à cette naissance sous-entend qu'il est né avant Athéna, bien qu'Héra soit la dernière épouse de Zeus, et Mètis, la première. Qu'Héphaïstos soit, selon les versions, fruit de l'union légitime avec Zeus ou, plus probablement issu d'une parthénogenèse, Athéna sème le trouble sur la chronologie. Sans doute est-ce parce que sa venue au monde n'est pas à interpréter de façon logique, mais plutôt à travers un prisme alchimique et philosophique, comme de nombreux récits mythologiques. Cette incohérence chronologique vis-à-vis de l'accoucheur peut également renforcer la longueur de la gestation d'Athéna, amplifiant l'effet de surprise concernant sa naissance pour Zeus tout comme l'indépendance et le caractère ancien et autofécondant d'Héra, que certains épisodes mythologiques confondent avec son aïeule Gaïa. Les scènes représentées sur les frontons du Parthénon placent effectivement Héra comme témoin de cette naissance. Mais de nombreuses poteries ou peintures interprètent cette mise au monde différemment, et les spectateurs de l'arrivée marquante de la déesse guerrière sont nombreux. Parmi les plus emblématiques d'entre eux, on trouve Poséidon, son oncle et grand rival, ou Illithye, déesse des accouchements, confirmant que cette saillie de la tête de Zeus est bel et bien un enfantement et pas seulement une abstraction. Dans certains récits, Athéna semble naître avant le second mariage de Zeus avec Thémis, déesse ancienne de la justice brute et de l'ordre naturel hors civilisation. Rien n'est sûr et définitif à ce propos, renforçant par là même l'aspect instable en amour du roi de l'Olympe. Cependant, une logique semble se dessiner dans ses choix amoureux, celle d'une évolution partant d'unions avec des forces peu civilisées, assimilables aux forces titanides, jusqu'à l'assise d'un règne olympien sûr aux côtés d'Héra, sa jumelle, comme un retour aux sources.

Dans cette naissance hors norme, la temporalité est défiée et l'alpha et l'oméga se confondent. Ainsi, l'arrivée d'Athéna sonne comme un avènement alchimique majeur, renversant l'ordre des événements et instaurant quelque chose de neuf.

Athéna est une femme née d'un homme accouché par un autre homme et elle porte des valeurs guerrières traditionnellement masculines. Quand une déesse comme Aphrodite est la représentation emblématique du pouvoir féminin, Athéna apparaît comme celle qui porte en elle la polarité masculine du féminin incarné. Toutes deux sont nées adultes, issues d'un dieu mutilé par un autre dieu équipé d'une arme blanche. C'est intéressant par ailleurs, à titre personnel, de remarquer qu'Athéna est apparue à mes côtés alors que je portais une vie de sexe masculin dans mon ventre. Ce mélange des genres, cette union intérieure, vierge de tout mariage la concernant, nous renseigne énormément sur ce qu'elle porte en elle en matière de polarités, et ce, dès sa gestation.

Comme Aphrodite, Athéna est fille du ciel et de l'eau. Les parallèles entre les deux déesses sont d'autant plus savoureux qu'elles sont souvent présentées comme rivales, voire opposées, et il est vrai qu'elles ne partagent pas beaucoup de points communs à première vue. Cependant, leurs origines sont similaires, la maîtrise de la guerre et de l'esprit et celle de l'amour et du corps se disputant la vedette dans leurs ressemblances comme dans leurs différences. Parmi leurs ancêtres du Moyen-Orient, on compte d'ailleurs plusieurs déesses maîtrisant à la fois l'amour et la guerre comme Astarté, Inanna ou Ishtar. Aphrodite et Athéna ont pourtant des champs d'action bien plus cloisonnés, l'une porteuse de l'amour et de la démesure, l'autre, de la guerre et de la sagesse, mais ne pourrait-on pas voir ces deux déesses comme une scission, à un instant T de la chronologie mythologique, de deux notions autrefois insécables ? Aphrodite et Athéna seraient le fruit d'un processus de dissolution alchimique à partir d'une essence divine féminine ancienne.

Ce qui frappe le plus dans la succession des générations de divinités à travers l'apparition glorieuse d'Athéna, c'est l'aspect inédit et singulier de son pedigree. Athéna semble presque représenter un saut dimensionnel. Zeus, en s'accouplant avec une Océanide et en l'avalant, entame un jeu de poupées russes où chaque poupée garde une dimension. Chaque strate annonce une ère. Mètis est liée aux origines plus sauvages, violentes, monstrueuses. Zeus est l'ordre intermédiaire, rigide, civilisateur, égotique. Athéna est, dans cette descente dans la matière, l'apporteuse alchimique d'une sagesse divine raffinée plusieurs fois pour être compréhensible pour nous. Ses qualités innées exceptionnelles et la nature même de sa gestation et de sa naissance en font une déesse à part, qui peut franchir les strates dimensionnelles pour nous aider à le faire à notre tour. Si Athéna la divine peut nous toucher, nous autres, simples humains, nous pourrons peut-être à notre tour accéder aux profondeurs du ciel.

La ruse personnifiée pour mère : Mètis

Il est impossible de comprendre Athéna sans bien connaître sa mère. En effet, Athéna hérite d'une panoplie complète de qualités issues de l'ADN maternel. Ce n'est donc sûrement pas un hasard que Mètis soit apparue sur mon cheminement initiatique, armée des clés qui m'étaient encore voilées dans ma relation avec sa fille, longue de plusieurs années déjà. Mètis m'a immédiatement semblé plus brute, imposante, indomptable et capricieuse qu'Athéna. Son essence est celle de la génération des Titans, gigantesques forces divines et sauvages, finalement peu anthropomorphes malgré les efforts des innombrables artistes qui se sont attelés à humaniser ces intelligences à travers les siècles. Au-delà de son héritage génétique, Mètis permet de comprendre tout un schéma politique au centre duquel les mythographes ont placé en priorité les dieux alors que les déesses, et notamment Mètis, en sont les éléments déclencheurs, décisionnaires ou facilitateurs.

Aux origines de Mètis

Mètis, l'Océanide rusée, fille de Théthys et d'Océanos, est détentrice de qualités, voire d'une essence tout entière, qui caractérisent Athéna sans que cette dernière reproduise un schéma maternel identique. Mètis est à la fois un nom propre et un nom commun et la mètis imprègne totalement la déesse grecque de la stratégie guerrière. Ainsi, cette qualité est l'héritage que l'Océanide lègue à sa fille, mais également à Zeus, qui finit par ingérer son épouse et s'approprier sa forme particulière d'intelligence.

À peine mariée au roi de l'Olympe et enceinte de ce dernier, elle est avalée et donc invisibilisée. Aucun culte connu ne lui a d'ailleurs été rendu. Cependant, dans les théogonies attribuées à Orphée, elle est une divinité primordiale de premier plan. Mètis y est décrite androgyne et appelée plus exactement Phanès-Mètis. Par cette double nature, mâle et femelle, elle surpasse la condition de Zeus. Quand Zeus avale Mètis, selon cette narration, cela revient pour lui à intégrer dans son être même l'œuf primordial. Il s'auto-initie alors aux mystères des divinités créatrices, touche à l'alpha et à l'oméga simultanément et acquiert la capacité d'accoucher d'un enfant malgré son sexe masculin. En tant que force primordiale, Mètis ne souscrit pas, contrairement à Athéna, à des concepts plus ancrés d'éthique humaine. Elle est une intelligence brute, sans bornes, sans civilisation. Un principe absolu.

Dans *Le Banquet* de Platon, Mètis est citée comme la mère d'Expédient qui, uni au Dénuement, donne naissance au *daïmôn* Éros. Cette filiation qui place Mètis en aïeule de l'amour est sans doute à lire comme une abstraction, un concept philosophique qui présupposerait que la mètis fait partie des qualités originelles du non manifesté créateur, l'amour étant le créateur suprême de toute chose et de tout être. Ainsi, l'intelligence est indissociable de l'amour et l'opposition cœur/mental, si chère aux principes du New Age et des spiritualités modernes, s'effondre. Cette généalogie liée à l'amour conforte mon propre ressenti au contact d'Athéna. Cette dernière n'y est décidément pas étrangère.

Dans certaines cosmogonies, Mètis engendre Nyx et Érèbe, la Nuit et les Ténèbres, ancrant sa nature dans l'ombre divine, le non perceptible, le mystérieux. La mètis reflète ici son aspect caché, obscur, potentiellement angoissant pour qui ne maîtrisera pas toutes ses finesses.

Une intelligence à part

La mère d'Athéna incarne en vérité une forme d'intelligence très particulière, entre la ruse extrême et la prudence, qui permet de gagner, quelles que soient les cartes distribuées a priori. Avec Mètis, tous les coups sont permis, s'ils marchent, et la fin justifie toujours les moyens. Ce pouvoir de l'esprit réunit donc prudence, sagesse, prévoyance proche de la voyance pure et capacité de transformation. Elle permet de prendre des décisions sages et avisées, mais surtout de vaincre et d'assurer, même aux plus défavorisés, la victoire dans toute bataille ou compétition. La mètis apparaît alors parfois comme un levier ancestral de lutte sociale par l'intermédiaire de l'esprit. Elle retourne ses propres armes contre l'adversaire et fait naître un combat entre ceux qui rivaliseront de son essence. La victoire appartiendra à celui qui possède le plus de mètis dans son sac. Elle impose une certaine fourberie pour survivre sous la chaussure du dominateur afin de souffler et de se refaire avant de renverser les tables. La mètis, de tout temps, a pu voler au secours des minorités, des femmes, des pauvres et des impopulaires. Mètis, par son ascendant insoupçonné sur les forts du monde manifesté peut ainsi apparaître comme une patronne intéressante pour les sorcières.

Cette capacité formidable torpille, en outre, les clichés modernes sur l'intelligence qui excluent de façon sournoise le travail manuel de son champ sémantique. Elle a une application pratique et fait le lien entre l'immatériel et le manuel. Ainsi, Athéna, pourvue de mètis, ne craint pas de mettre la main à la pâte. C'est une déesse manuelle et cela ne fait que participer à son intelligence et la renforcer. En revanche, ce rapport au monde physique ne s'évalue pas en matière de force brute. La mètis supplante cette dernière. Il est d'ailleurs évident que la mètis des Olympiens triomphe de la brutalité des Titans, preuve que le plus fort n'est pas celui que l'on croit au préalable.

Impossible également d'évoquer Mètis sans rendre hommage à sa capacité de métamorphose et de faire le lien avec sa nature ondoyante, insaisissable et fluide de fille de l'Océan. Avant son mariage avec Zeus, Mètis le fuit d'ailleurs ardemment, changeant sans cesse de forme, afin de le semer, pour finalement céder à ses avances. La métamorphose imprègne toute leur histoire. Athéna elle-même intègre cette essence, se transformant souvent pour tester et guider les humains et les héros. De la nature aquatique, dangereuse et courbe de sa mère, Athéna conservera la souplesse d'esprit, la capacité à tordre les pronostics pour rétablir la justesse et accéder à la victoire. Cependant, Mètis est bien plus sauvage et instinctive que sa fille. Comme les étendues d'eau dont elle provient, Mètis est changeante et imprévisible. Les aspects sombres de sa personnalité reflètent les abysses et la rattachent au règne animal ou aux forces primordiales dont les Olympiens sont davantage éloignés. Liquide, Mètis peut se faire perfide, tentaculaire et traîtresse comme un filet de pêche. Elle va cependant au-delà du simple fait de tendre des pièges, elle est l'incarnation du piège en lui-même. Athéna ne pousse pas l'exercice aussi loin, mais elle en fabrique et encourage occasionnellement à ne faire qu'un avec l'appât, comme lors de l'épisode du cheval de Troie. Ce talent de traque explique les qualités d'observation hors norme transmises à Athéna ainsi que sa capacité à immobiliser et entraver autrui, particulièrement retranscrite dans son double sombre, la Gorgone Méduse, dont le regard change quiconque en pierre. La mètis engendre ainsi des issues extrêmement dramatiques et spectaculaires. Elle peut faire naître la plus discrète des stratégies pour mener à un dénouement brutal et explosif, ne laissant entrevoir qu'au moment où le piège triomphe de son adversaire tout le génie de la machination dans son ensemble. Cela place l'Océanide en parfaite initiatrice afin de travailler sur des thématiques de prédation. Mètis brille dans la traque, la chasse, l'hameçonnage et elle en fait également les frais en première ligne. Elle est l'arroseur arrosé par excellence, supposément surpassée en mètis par Zeus, qui la piège définitivement dans son ventre.

La mètis est empruntée au monde sauvage des chasseurs et des chassés. Elle implique une dynamique de survie. Elle s'illustre ainsi aux antipodes de la société régie par les lois et la civilisation qui encadre les citoyens. Zeus avalant Mètis, c'est le triomphe de la civilisation sur le monde sauvage. Ce dieu civilisateur, porteur d'un cadre, ingère une Titanide aquatique aux qualités indomptables. Le symbole est fort.

En plus de la prédation, la mètis implique la compétition, la guerre et le conflit. Comme sa nature la porte à renverser tout type de pronostic pour gagner à tout prix dans cette dynamique conflictuelle, elle pose immanquablement la question du mérite. Qui mérite de gagner ? Cependant, sa nature sauvage et ancienne balaye ces notions. Mètis est séparée du mérite. Elle favorise ceux qui se saisissent de son essence, indépendamment de la morale ou de toute autre considération tranchante et éthique. L'important est de triompher. Agresseur et agressé se confondent dans les jeux de mètis et seules les personnes pourvues de qualités d'observation, d'analyse et de compréhension supérieures pourraient démêler qui est qui dans la dynamique combative engagée.

Enfin, la mètis implique une prescience pointue qui induit que l'on peut presque tout prévoir. Mètis sait beaucoup de choses, et sa prudence, appelée Phronesis, lui interdit de trop en faire démonstration. Il est donc impossible de savoir exactement tout ce que Mètis prévoit, tous les coups qu'elle a d'avance, tous les pièges qu'elle pose, comment et pourquoi. En l'avalant, Zeus obtient donc une part de cette prescience.

Mètis et Zeus

On parle beaucoup de Mètis comme première épouse de Zeus. Elle a finalement peu d'existence propre dans la narration qui nous est parvenue. Pourtant, elle remplit un rôle crucial dans la succession des générations divines, l'accession de Zeus au pouvoir, et bien entendu, le don de sa fille Athéna au monde.

Mètis apparaît aux côtés de Zeus avant la prise de fonction de ce dernier comme roi des dieux. Maîtresse de breuvages magiques, elle s'avère déterminante dans cette accession au trône et dans l'assise des Olympiens comme nouvelle génération au pouvoir, régissant l'ordre cosmique définitif. Mètis est ainsi bien plus complexe et puissante que son rôle de femme de l'ombre ne le laisse croire.

Avant que Zeus ne triomphe de son père, le Titan Cronos, ce dernier s'employait à avaler tous ses enfants de peur de se faire détrôner par sa marmaille. Rhéa, son épouse, sauva son dernier-né, Zeus, le substituant auprès de Cronos par une pierre que le goulu ne distingua pas. Elle cacha son fils chez deux nymphes crétoises, Ida et Adrastée, également appelées les Mélisses, et le fit allaiter par la chèvre divine, Amalthée. Une fois en âge d'affronter son père, le futur roi fut aidé par Mètis, qui lui fournit un breuvage vomitif qu'il fit boire au tyran afin que ce dernier recrache ses aînés grâce auxquels il put défaire la génération tout entière des Titans et se partager les royaumes pour y assoir son règne. Sans Mètis, pas d'Olympe. Le ciel ne serait pas régi par l'ordre imposé par Zeus. Sans Mètis, pas d'Hadès. Les enfers ne seraient pas gardés et organisés par les dieux infernaux tels que nous les connaissons actuellement. Sans Mètis, pas de mers léguées au trident de Poséidon. Sans Mètis, pas de terre honorée par Déméter. Sans Mètis, pas de foyer réchauffé à la flamme d'Hestia. Et comble du comble, sans Mètis, pas d'Héra, dernière et plus emblématique épouse de Zeus. Mètis détenait, par sa magie sorcière, dans un seul flacon, tout le destin du roi des dieux et des hommes. Semble-t-elle à présent si effacée et insignifiante ?

Mètis, malgré son aberrante discrétion, permet un des plus formidables renversements de pouvoir mythologiques. Elle est une actrice clé de cette conquête et œuvre à la maîtrise et à la conservation du pouvoir ultime.

Dans les coulisses de la victoire de Zeus, Mètis n'est, par ailleurs, pas la seule détentrice de clés cruciales. Rhéa et Gaïa, mère et grand-mère du futur roi, préparent l'offensive, choisissent leur sauveur, le protègent et l'arment. C'est Rhéa qui épargne et cache son fils sur les conseils de Gaïa. Une coopération efficace de femmes déterminées s'organise ainsi autour de celui qui leur volera la vedette, mais ce sont bien elles qui décident de la succession. Lorsque Mètis finit avalée et donc trahie par celui qu'elle a aidé à triompher, on nous conte l'histoire typiquement patriarcale de tant de femmes qui ont cru se jeter dans les bras d'un amoureux libérateur, inconscientes du caractère tout aussi enfermant de leur nouvelle prison, plus perfide, car portant un visage coopératif, rassurant, séduisant, et ne leur laissant de l'espace que pour mieux les enfermer une fois l'union scellée et leur âme vendue au nom d'un amour dévoyé. Mètis céda sans doute à Zeus pour tendre vers cette civilisation, fuyant le monde chaotique des Titans qu'elle choisit de combattre en prenant Cronos à revers.

La mère d'Athéna est une condition indispensable de souveraineté pour Zeus. Sa maîtrise des philtres la place en empoisonneuse de Cronos, mais également en sage-femme pour la seconde naissance de la fratrie olympienne, à moins qu'on ne la considère comme une magicienne mortuaire faisant revenir à la vie des dieux voués au repos éternel. Dans tous les cas, Mètis est une puissante alchimiste des fluides. Ces liquides sont variés comme l'océan dont elle provient, les breuvages qu'elle confectionne ou l'eau en laquelle elle se change. Cette fluidité qu'elle apporte n'est-elle pas, à l'image de la carte « Tempérance » du tarot, l'agent créateur de la nature olympienne ? L'expression « calme olympien » laisse d'ailleurs songeur. Mètis et sa magie ne sont-elles pas les créatrices de la nature même de cette nouvelle génération qui casse la généalogie et instaure un nouveau code divin ?

Pourquoi diable, face à ce constat, se débarrasser d'une alliée si précieuse ? La réponse est simple : pour la même raison qui poussa Cronos à se faire un festin de tous ses rejetons. Conserver le pouvoir. Éviter la succession. Zeus, à qui les Oracles avaient prédit sa chute de la main d'un fils de Mètis, préfère non pas attendre la naissance de l'héritier pour lui régler son compte, mais avaler le problème à la racine. C'est en battant Mètis à son propre jeu de ruse et de métamorphose qu'il peut réussir ce tour de force. Il la met au défi de se changer en goutte d'eau et peut ainsi l'ingérer. Cependant, l'héritier – ou plutôt l'héritière – est déjà en route ! C'est Zeus qui, dans son inconsciente soif de pouvoir, doit alors accoucher du divin enfant.

Que devient donc Mètis une fois avalée ? Elle reste, pour l'éternité, à l'intérieur de Zeus. Ce dernier est d'ailleurs reconnu comme porteur émérite d'une mètis exceptionnelle. Sa ruse et son esprit foudroyants sont devenus emblématiques. Cependant, Mètis ne semble pas uniquement rester en dedans. Les poteries antiques la représentent, en effet, sous le trône du chef de l'Olympe. Zeus n'a donc pas anéanti sa première épouse dont la subsistance est très concrètement documentée. Mètis continue de vivre comme qualité de Zeus et à travers sa fille.

Cette nouvelle place, par ailleurs, pour Mètis, sous le trône, tandis qu'Athéna jaillit de la tête, de la couronne du souverain, peut soulever énormément de questions. Mère et fille encadrent alors le roi en saisissant ses deux extrémités souveraines. L'enfant de Mètis devait détrôner Zeus, mais c'est finalement l'Océanide qui élit domicile dans ce trône tandis que sa surprenante descendante, féminine et entièrement imprégnée de l'essence de sa mère, se charge d'en déstabiliser la couronne en en jaillissant brutalement. Athéna ne serait-elle pas une nouvelle Mètis transmutée dans le ventre de Zeus ? Ce dernier ne se montre-t-il pas arrogant en se croyant plus fin stratège que celle qui incarne l'esprit carnassier, flou, patient et imprévisible de la plus complexe des intelligences ? Zeus pense avoir piégé Mètis, mais Mètis n'aurait-elle pas laissé Zeus croire ceci pour le cadenasser dans un piège définitif absolument grandiose, une prison inextricable – lui-même – depuis laquelle Mètis téléguiderait le pouvoir de l'intérieur pour l'éternité en contrôlant le trône et en déléguant à sa fille – descendance au sexe imprévu, endormant ainsi la vigilance de Zeus – la couronne, et donc l'extérieur ? Mètis et Athéna, combinées, détrônent effectivement Zeus sans même que ce dernier le remarque et avec son ignorant consentement. Mère et fille, toutes deux armées de la suprême mètis, encerclent le souverain, l'influencent, le forcent à partager le pouvoir. Zeus continue de jouir, en apparence, d'un système pyramidal désuet et progressivement obsolète, ce qui permet d'anesthésier sa vigilance. Son égo est brossé comme il se doit par la main experte de l'intelligence féminine qui sait qu'un homme ivre de pouvoir ne s'attaque jamais frontalement, mais qu'il faut lui offrir un reliquat suffisamment convaincant de ses illusions de toute-puissance pour l'endormir afin de pouvoir œuvrer à son nez et à sa barbe en toute liberté. Il convient de rappeler que la mètis est une intelligence qui prend racine dans l'énergie de survie et que, par la force de cet instinct mêlé à la sophistication qui permet de manipuler l'autre afin de triompher de lui, Mètis survit en Zeus, à son insu, et inévitablement, l'influence.

Quand Mètis fait vomir Cronos pour garantir la victoire à Zeus, il est légitime de voir son avalement par ce dernier comme la plus infâme et ingrate des trahisons. Il serait possible de croire qu'elle se serait reniée elle-même dans sa prudence et dans son intelligence rusée pour être aimée, mais il n'en est sûrement rien. Mètis avait tous les coups d'avance et Athéna est probablement sa revanche.

Selon cette hypothèse, elle n'est pas piégée par le dieu, mais s'insinue en lui, dans leur fille et donc dans la civilisation et l'humanité. La prophétie a eu lieu et il ne le saura jamais. Voilà ce que serait véritablement la mètis !

La mètis d'Athéna

Analyser les mythes de Mètis m'a aidée à observer l'énergie d'Athéna, à la saisir dans ses subtilités et à développer ma propre gnose entre la mère et la fille.

Athéna ressemble donc en certains points à cette mère qu'elle n'a jamais connue. Masculine et née déjà adulte, elle manque d'un modèle féminin et représente toutes les personnes qui ont grandi sans cette consolation, cette fusion maternelle. Elle affiche ainsi, de mon point de vue, une froideur caractéristique en façade, mais une tendresse un peu mélancolique portée par une force de résilience, une capacité à compenser ce manque par autre chose, comme son indépendance, son attachement à son père ou ses innombrables valeurs.

Il est plus simple d'user de mètis efficacement lorsque l'on n'a pas été dorloté par une mère et trop sensibilisé par ce lien empathique. Non pas qu'Athéna n'ait pas d'empathie, mais elle ne se laisse pas trop facilement prendre par les sentiments. Elle a ce qu'il faut de profondeur pour faire preuve de droiture et de justesse, mais elle ne se laisse pas assaillir par les ruses émotionnelles. Ainsi, celui qui dupe comme celui qui contre-attaque en réaction peuvent avoir en commun cette froideur féminine, cette blessure maternelle qu'Athéna a transmutée. Elle devient sa propre mère. Elle dépasse un besoin de se combler. Elle est complète, réparée.

Athéna se construit son propre référentiel moral. La droiture d'Athéna permet d'analyser les différences entre le méchant et le gentil des fictions caricaturales. Les deux ont les mêmes blessures, mais le héros fait de sa blessure une torche pour le monde en plus d'un levier de réalisation personnelle. Il a eu accès à des piliers de résilience qui ont fait défaut au vilain – des piliers absents ou qu'il a rechigné à saisir –, car le méchant se complaît dans son statut de victime, est dans le déni de son rôle de bourreau et se prétend sauveur. Le héros transmute ces trois rôles pour en incarner un quatrième : un nouveau rôle, le sien, celui qu'il invente, qu'il crée, qu'il réalise. Ainsi, Athéna est une puissante guide pour ceux et celles qui ont transmuté leurs blessures, et sa propre blessure de mère n'y est pas étrangère.

La mètis d'Athéna apparaît plus nuancée que celle de sa génitrice. La déesse de la guerre y amène une droiture, une justesse. Quand sa mère est la mètis pure, sans délimitation, Athéna use de mètis avec la sagesse qui la caractérise. Sa mètis plus tempérée laisse entrevoir des principes moraux qui la portent vers des protégés méritants à ses yeux, des héros tendant vers leur plus haut destin plutôt que tentant d'entraver celui des autres. Athéna se positionne beaucoup moins sur le registre prédateur et manipulateur de sa mère même si les masques et la duperie peuvent s'insérer dans ses stratégies, le rétablissement de l'équilibre et la mise en échec des dominations injustes restent prégnants dans sa signature.

La mètis d'Athéna sert le Destin et tout héros digne de ce nom emprunte ce chemin exceptionnel dont les Moires ont le secret. Les héros d'Athéna ne se complaisent pas dans des rôles de victime, ils sont des guerriers qui affrontent les revers de la vie avec courage. Ainsi, Athéna aide ceux qui transmutent leurs blessures au lieu de les instrumentaliser pour vampiriser autrui et s'octroyer un soulagement par de vils procédés. Sa mètis n'est pas celle des prédateurs vulnérables et sans carrure ni prestance qui souhaitent tout de même gagner leur place sur le podium de la domination et du contrôle. Athéna rétablit une belle mètis en servant le Destin héroïque, et la roue du Destin n'est pas sans rappeler les retournements propres à cette intelligence aux procédés redoutables.

Comme nous l'avons vu, la mètis s'emploie à renverser tout adversaire et cette intelligence est censée triompher même de la bravoure. Ainsi, Ulysse, pourvu de mètis et protégé d'Athéna, triomphera du brave Ajax. Cependant, Athéna combine ruse et bravoure. Elle est plus complète que sa mère et moins extrême dans sa fourberie. Cela confère à la guerre soutenue par Athéna une justesse et une force porteuses d'idéaux inédits tout en étant imprégnée d'une mètis féroce.

Les leçons de Mètis

Mon initiation aux côtés de la mère d'Athéna m'a poussée à explorer en profondeur la thématique de la domination. Mètis ne peut être dominée ou se soustraire à quoi que ce soit d'écrasant. Elle échappera systématiquement à toute tentative d'ascendant sur elle. Elle est une force libre, indomptable, fière, susceptible et résolument sauvage. Elle méprise ceux qui cherchent à soumettre ou enfermer les esprits libres et fougueux. En ce sens, elle est solidaire dans l'adversité face à tout tyran dissonant.

Mètis apparaît souvent dans un contexte violent, quand il est question de survie. Elle guide dans un monde en disharmonie. Un déséquilibre est alors souvent obligatoire pour faire naître la mètis dans le comportement humain. C'est très probablement dans une jungle insécurisante que l'on rencontre l'Océanide.

Mètis nous apprendra l'acceptation de la guerre moche avant qu'Athéna ne nous élève à ses idéaux propres. Pour utiliser et intégrer la mètis, il faut accepter de biaiser, de dissimuler, de tromper, de manigancer. Athéna peut le faire pour un objectif noble. Mètis est, quant à elle, une notion en puissance et tous y auront potentiellement accès, indépendamment des principes moraux. La mètis se reconnaît alors comme l'arme de ceux que l'on va devoir combattre dans cette jungle donnée, et pour survivre, il faudra être le plus malin. On peut remarquer une mètis féroce chez les narcissiques vulnérables, intrinsèquement agressés par la réussite, voire par la simple existence d'autrui, cet autre vu comme grassement favorisé face à leur statut d'éternelle victime blousée et assoiffée de tout. Ils utiliseront la mètis comme mécanisme d'attaque, déformant cette agression comme un réflexe d'autodéfense, se sentant insécurisés par la longueur d'avance que, naturellement blessés, ils perçoivent comme une invitation invisible et imaginaire à entrer en compétition et en lutte pour une réussite conduisant à l'élimination pure et simple de l'autre. Ce sont ces personnes qui sanglotent sans cesse concernant leur manque de confiance et qui, par leur vulnérabilité exagérément affichée, frapperont de stupeur le plus colossal des interlocuteurs en lui assénant les tactiques les plus déloyales, frauduleuses et violentes, le tout dissimulé sous cette fragilité qui endort, voire anesthésie. La mètis utilisée par des faibles, que la vie elle-même prend à revers, est alors l'arme qui entretient des dysfonctionnements, qui fait vivoter, voire triompher, les « insauvables », les « sans honneur ».

La mètis est donc neutre et à double tranchant. Toujours utilisée dans une logique de triomphe face au plus gros pour renverser tous les pronostics, elle est accessible à tous, même à ceux qui sont déconnectés du divin, si leur intelligence est assez fine. En ce sens, son essence est un héritage devenu purement humain. Peut-être est-ce un héritage donné par Athéna qui fait ce lien avec nous ? Cependant, cette arme échappe à présent à la justesse et à la noblesse qu'elle porte et défend.

Il est possible d'observer plusieurs façons polarisées et emblématiques d'user de mètis de façon déloyale. On reconnaît tout d'abord la personnalité victimaire et narcissique qui l'utilise pour se soulager, par vengeance envers des personnes qui l'insécurisent, bourreaux imaginaires qui la persécutent et dont elle veut annihiler la présence dévalorisante. Vient ensuite le porteur d'un masque aimable et aimant, plus insaisissable et perfide. Ce dernier veut posséder sa valorisante proie devenue hermétiquement captive et manipulable. Il pourra la programmer à loisir pour assoir une narration dont il sera le héros. Cet héroïsme factice et contre nature qu'il s'invente est une légende personnelle qu'il sait fausse, mais qui lui permet de survivre dans un monde où il ne peut légitimement prétendre à la moindre caste valorisée, car ses qualités et sa valeur réelles sont d'une pauvreté qui lui coupe tout accès à la réalisation. Ces gens seront en mode survie toute leur vie et, coupés d'un destin élevé, ils n'auront que la mètis en ombre comme arme de subsistance. Les usurpateurs de mètis se bercent souvent de l'illusion d'appartenir à la catégorie des héros, allant jusqu'à en faire la confidence imprudente et dissonante au monde extérieur, entre deux crises de victimisation et d'auto-apitoiement. Ces héros avortés qui ne savent pas se dominer eux-mêmes chercheront toujours à dominer autrui pour soulager leur illusion d'agression. Ainsi, la mètis s'apprivoise en soi, car on ne domestique pas Mètis. C'est là une compréhension qui m'a percutée en réinterprétant l'avalement de l'Océanide par Zeus. On ne peut apprivoiser sa mètis et l'utiliser à des fins nobles sans maîtrise de soi et sans compréhension de ses propres ombres en matière de domination. Mètis est une initiatrice non pas pour la dominer, elle, mais pour se dominer, soi.

Il est alors possible de mettre sa mètis au service de l'illumination du monde et de l'utiliser comme torche plus que comme pansement de blessures béantes et inguérissables que seules la domination et l'illusion de contrôle rassurent.

La mètis, l'amour et la guerre

Les liens sont les armes privilégiées de la mètis. C'est effectivement à travers les liens que l'on tisse que cette intelligence rusée peut le mieux s'infiltrer et œuvrer. Ainsi, l'amour dont m'a parlé Athéna peut se retrouver noyé dans les filets de sa mère.

Il existe entre les leçons de Mètis et d'Athéna un impératif guerrier à « ne pas faire de sentiment » ou à utiliser son amour comme force et non comme faiblesse. Les prédateurs masqués, faussement vulnérables, utiliseront la mètis pour mettre à jour les faiblesses de leurs cibles. L'amour, quand il est manipulé, est un levier de domination formidable pour eux. Cet amour instrumentalisé est la tête de l'enfant chéri mise en joue sous les yeux épouvantés de la mère. Voilà pourquoi Athéna m'a parlé d'amour. L'amour est la clé, le double tranchant faisant contrepoids dans la balance face à la mètis. L'amour peut être avalé par la mètis de l'agresseur, transformé en piège qui noie, enferme et détruit. Il peut être détourné pour anéantir, emprisonner, punir. Athéna vous enjoint de le voir, l'identifier et devancer l'issue catastrophique d'un tel schéma de prédation. Elle arme votre amour. Elle vous remet debout, vous montre le champ de bataille, nu, vrai, sans fard, vous en révèle toutes les aspérités, toutes les injustices et vous somme de ne plus faire de sentiment, de reconnaître l'ennemi comme tel et d'être prêt à le défaire par tous les moyens, même les plus contre nature si ledit ennemi a commis le sacrilège d'utiliser votre force d'amour contre vous-même. Vous pourrez user de conciliation, laisser du terrain et choisir vos batailles, mais vous gagnerez la guerre. Vous pourrez avoir l'air endormi, vaincu, blessé mais, avec la compréhension des schémas de mètis et votre amour comme flambeau, la défaite frappera votre agresseur. Athéna encourage, quand il le faut, à dissimuler ses intentions, biaiser, mentir, ruser, pour gagner, comme l'aurait fait sa mère sans scrupules.

La mètis nous ramène donc aux concepts de bien et de mal, à l'amour et à la guerre. Elle renvoie aussi au postulat depuis lequel tout un chacun semble partir : celui d'être le gentil, le bon, le juste et de considérer l'autre comme le mauvais. C'est une arme qui renvoie à la subjectivité et à la mauvaise foi humaine par excellence et elle se trouve mitigée par le concept de sagesse incarné par Athéna.

Le pouvoir suprême pour père : Zeus

À la différence de Mètis, que l'anonymat relatif rend quasiment invisible, Zeus est l'une des superstars de la mythologie, tous panthéons confondus. Tous le connaissent comme le souverain suprême de l'Olympe, cependant, son rôle de père échappe souvent à notre œil élusif, car Zeus est davantage connu pour ses frasques, coucheries, tromperies et enfants illégitimes éparpillés à tous les vents que comme bon père de famille respectable. Sa relation père-fille avec Athéna est pourtant unique, car elle est fondatrice pour la pérennité de la race olympienne. Cet amour filial est porteur de la notion même de civilisation pour les divinités comme pour les humains. Zeus est considéré en Grèce antique comme le dieu le plus important du panthéon et Athéna est l'une des nombreuses divinités qui lui sont « inférieures », toutefois, elle n'en demeure pas moins privilégiée à ses yeux et, en retour, elle assoit le pouvoir de son père sans forcément toujours aller dans son sens.

Petit-fils de Gaïa

Chouchou des divinités primordiales, Zeus est secondé et porté par le Ciel et la Terre, Ouranos et Gaïa, qui le favorisent face à leur fils, son père, le dieu Cronos. Gaïa va ainsi aider sa fille Rhéa, mère de Zeus, en agissant comme Oracle et Conseil auprès d'elle afin de faire régner l'héritier benjamin, réorganiser l'ordre du monde et faire en sorte de conserver à Zeus ce pouvoir. C'est encore Gaïa qui met en garde l'Olympien contre la future progéniture de Mètis, censée le détrôner. Ainsi, Zeus n'est pas un dieu rebelle faisant fi de toute ancestralité. Il est secondé et choisi par les plus anciens. Il réalise cette performance digne d'un numéro d'équilibrisme générationnel lui permettant de contenter les ancêtres les plus sauvages et la modernité la plus organisée.

Gaïa et Ouranos avaient donné naissance à plusieurs races emblématiques, dont les Titans, les Cyclopes ou encore les Cent-Bras. Pour faire la guerre aux Titans, dont son père fait partie, Zeus s'alliera à deux autres races d'enfants de la Terre et du Ciel. Les Cyclopes lui feront même la faveur de l'armer en lui offrant le tonnerre, le Foudre et l'éclair. Ainsi, Zeus n'a pas que la faveur de sa grand-mère face à Cronos, mais également celle de ses créatures dans la Titanomachie.

La succession des générations de dieux souverains grecs peut alors prêter à confusion. En effet, Gaïa avait, en son temps, armé et aidé son fils Cronos à dessaisir Ouranos du pouvoir. Elle se range pourtant du côté de Zeus par la suite. Cela dénote une différence tangible entre dieux et déesses. Les femmes divines évoluent, progressent et favorisent leurs enfants – les plus jeunes qui plus est –, la nouveauté, l'avenir. Dans l'ombre, elles ne s'attachent pas à s'assoir sur un trône. Le trône est dans leur ventre. Les dieux masculins, quant à eux, ne pensent qu'à eux-mêmes, à stagner, arrêter le temps, tuer la descendance que leurs épouses s'épuisent à nourrir. Pour débloquer le cours des choses entravé par l'égo tyrannique des anciens, elles doivent manigancer dans leur dos et accoucher de leur trépas. Gaïa a-t-elle alors décidé de renier le cours du progrès en avertissant Zeus contre sa propre descendance ? La Terre étant douée d'une prescience puissante, elle savait certainement ce que ses conseils génèreraient et elle influença Zeus afin qu'il accouche lui-même d'Athéna pour s'assurer qu'il ne développe jamais cet appétit de pouvoir masculin funeste au profit d'un instinct quasi maternel. Pour comprendre la valeur de son enfant, Zeus devait en devenir la mère. Gaïa, dans sa grande sagesse et sa capacité à apprendre du temps passé, fabrique ainsi le père idéal pour Athéna, celui qui prendra la place maternelle. Elle ne peut décemment pas annoncer à Zeus ce qui l'attend vraiment, auquel cas il n'aurait jamais suivi ses conseils. Elle doit comprendre les désirs profonds de son petit-fils pour les anticiper et y apporter des réponses déguisées et rassurantes. Elle manipule la perception que Zeus a de sa propre position pour la modifier avec son accord. Elle sait qu'il fera le choix facile, se choisir lui-même. Tous ces pères ont fait le même, tous aussi prévisibles les uns que les autres. Dans son redoutable pouvoir visionnaire, aux antipodes des jeux politiques masculins réactionnaires, la Terre-Mère pousse celui qui veut être éternellement roi à se tirer une balle dans le pied en s'unissant au féminin tout en croyant l'avaler.

Gaïa ne se montre pas un soutien inaltérable pour l'Olympien souverain. En effet, bien qu'elle l'ait épaulé dans sa rébellion contre son père, elle désapprouve le sort réservé aux Titans, que Zeus a emprisonnés dans le Tartare. Elle s'oppose donc à son petit-fils en soulevant les Géants, créatures nées de la fécondation du sang d'Ouranos castré sur la terre, contre lui, initiant la grande guerre suivante : la Gigantomachie, dans laquelle Athéna s'illustrera avec brio, et où, sans elle, la victoire n'aurait sûrement pas été à portée de main. On comprend ainsi que la loyauté de Gaïa est plus instinctive qu'intellectuelle et que le soutien donné de sa main peut être repris si l'on offense la loi de son ventre. Cependant, Athéna, bien que très mentale, fonctionnera de façon semblable en adoubant ou reprenant selon le comportement de ses propres protégés.

Vers la création des Olympiens

Fondateur des Olympiens, même s'il est le plus jeune dieu de sa fratrie avec Héra, Zeus ouvre la voie à une nouvelle race, une nouvelle ère. Ce n'est pas la succession des générations qui crée la race des Olympiens, mais bel et bien son putsch politique contre Cronos. Cette différence s'apprécie d'autant plus en observant les cousins de Zeus, de la même génération que lui. En effet, des dieux comme Prométhée, le fils de Japet, censés être au même rang généalogique que Zeus, sont considérés comme des Titans.

Ce n'est cependant pas uniquement son acte de scission qui distancie Zeus des Titans, mais avant tout, celui de sa mère, instigatrice d'une rébellion dont la genèse appartient aux déesses. Sa grand-mère le conseille, sa mère le cache et lui permet d'être épargné de la voracité de Cronos, sa première épouse affaiblit ce dernier et libère la fratrie alliée qui le portera au pouvoir, et enfin, sa fille, future prunelle de ses yeux, préférée entre tous ses enfants, représentera un nouveau modèle générationnel non violent envers ses aînés, mais non moins souverain. Zeus est le dernier dieu « destituant », mais sa place lui est avant tout assurée par les femmes divines et il ne pouvait réussir sans s'en remettre à elles. De la même façon, Zeus n'aurait rien réussi sans ses puissants alliés, dont ses frères et sœurs sont les plus marquants. Il n'est donc pas un homme qui s'est construit seul. Il est cependant la définition même d'un dirigeant. Il amène tous et toutes à le soutenir et conserve sa place de pouvoir en imposant le respect de façon pérenne.

Même si Zeus est le plus jeune des fils de Rhéa, il apparaît comme une sorte d'aîné si l'on considère la régurgitation de Cronos et la libération de Déméter, Hadès, Hestia, Poséidon et Héra comme une seconde naissance pour ces derniers. Ses frères et sœurs étaient-ils des Titans avant que Zeus ne les libère ? Rhéa a-t-elle semé la graine olympienne par sa rébellion envers son mari ? Le benjamin serait alors une sorte de précurseur devenant l'aîné symbolique de sa génération. Les Olympiens peuvent apparaître comme une race nouvelle, mais également comme une civilisation entière et une posture idéologique et politique amenant une refonte de l'ordre. J'aime les voir comme un passage à un niveau dimensionnel inédit, Rhéa créant une brèche quantique en reniant la barbarie de Cronos. Elle permet à ses descendants de fuir un système de pensée archaïque pour créer le leur et tendre vers cette notion qu'Athéna portera à merveille : le progrès. Ce saut dimensionnel est aussi, à mon sens, une intensification de l'anthropomorphisme des dieux olympiens, la signature énergétique des Titans étant bien plus sauvage et proche des forces naturelles.

Cette passation de pouvoir n'est pas qu'une affaire de volonté ou de force alliée contre l'oppression. Elle fait intervenir l'intelligence et la ruse qui caractérisent Zeus. Ainsi, Cronos apparaît comme bien moins malin que son fils. Cependant, il est aussi et surtout bien moins malin que sa femme. Rhéa, protégeant son fils benjamin, fait montre de l'intelligence des tripes. Cette intelligence est guerrière, prête à tout, même à fomenter l'assassinat de son partenaire de longues années à l'avance. Menacer les enfants d'une mère conduit alors à devenir son gibier sans même le savoir ! Tandis qu'elle regardera docilement le tyran agir, tout s'organisera dans le dos de ce dernier pour le piéger et l'anéantir. Avaler l'innocence dont elle accouche enclenche le compte à rebours vers une fin peu enviable. Rhéa représente, à l'instar de Mètis, une fois poussée dans ses retranchements, la patience, la ruse, tous les coups permis. Cronos, le tyran satisfait de lui-même, anesthésié par son illusion d'importance, ne se doute pas que sa femme prémédite son trépas. Ainsi, on accorde volontiers à Mètis le mérite de cette intelligence exceptionnelle dont Zeus hérite en l'avalant, mais que dire des gènes légués par Rhéa à son fils offrant une intelligence instinctive et protectrice au futur roi divin sans que cela soit réellement reconnu ou mentionné ?

Le pouvoir de Zeus est aussi assis par un facteur pouvant sembler invraisemblable dans un contexte mythologique : la chance. Ainsi, c'est au tirage au sort, dans l'écrasante majorité des versions relatées, que Zeus obtient le royaume des cieux et donc la supériorité sur les autres provinces divines que ses frères vont gouverner : les océans et le monde souterrain. Plus rarement, il est fait mention que c'est Zeus lui-même qui décide de cette répartition à la suite de sa victoire sur Cronos. Cette notion de tirage au sort des royaumes se retrouvait déjà dans les mythes mésopotamiens dont les Grecs sont proches. Zeus le chanceux aura à cœur de gouverner avec sagesse et impartialité, respectant le pouvoir de ses frères et sœurs. Il ne se comportera jamais comme s'imaginant intrinsèquement supérieur à ses pairs même si sa longueur d'avance hiérarchique pourra par moments agacer Poséidon.

Un homme à femmes

Porté, dans l'ombre, par les femmes, Zeus multiplie les conquêtes, mais aussi les mariages, jusqu'à se ranger officiellement aux côtés de sa sœur Héra qui restera la plus célèbre et crainte de toutes ses épouses. Cela ne l'empêchera pas de la tromper copieusement, infidélités qui donneront naissance à des dizaines de récits mythologiques tantôt épiques, tantôt croustillants. Zeus, possédé par ses instincts amoureux, est une source intarissable de divertissement. Ainsi, il est bien loin d'être pur intellect.

C'est un être complexe dont tête et ventre se disputent la vedette sans jamais éclipser l'un ou l'autre. Ainsi, il est compréhensible, au vu de ses nombreux écarts d'époux, mais également des inimitiés politiques qu'il peut déclencher, que Zeus ait passé un marché avec Hypnos, dieu du sommeil, qui lui obéit, afin que le roi de l'Olympe ne s'assoupisse jamais. Zeus adopte éternellement l'hypervigilance qui va de pair avec ses fourberies. C'est aussi l'un des ingrédients qui lui permet d'être sans cesse dans cette énergie jupitérienne expansive. Son tableau de chasse amoureux suit cette mouvance et n'aura de cesse de s'agrandir.

Athéna ne se verra donc pas léguer cet appétit libidineux démesuré qui rend son père si célèbre. C'est une déesse tout ce qu'il y a de plus vierge et cérébrale. Il serait intéressant de se questionner, en conséquence, sur l'influence du libertinage paternel sur la psyché de sa fille. Athéna ne nous montre-t-elle pas à quel point les tabous sexuels transgressés affectent la psyché des enfants et comment la responsabilité parentale transparaît dans la construction d'une future sexualité saine ? Cela n'interdit pas audit parent d'avoir la sexualité qui lui chante, mais met plutôt en garde contre le fait d'en faire grand tapage par autoflagornerie ou négligence. Zeus n'est-il pas le père sensuellement imprudent qui, guidé par son pénis voyageur dont tout le monde parle et à propos duquel la civilisation tout entière s'esclaffe, dégoûte sa fille du couple en lui offrant un modèle amoureux trompeur, insécurisant et dévastateur pour la gent féminine, qui finit, après son passage entre les draps jupitériens, abandonnée avec sa marmaille ou trompée et moquée ? Rien d'étonnant à ce qu'Athéna ne rêve pas de couple et de maternité quand on constate le sort réservé aux amoureuses de son père. C'est d'ailleurs l'une des clés de sa naissance par la tête de Zeus. Athéna n'a sans doute aucune envie de songer à ce qui se trame en dehors de cette sphère intellectuelle paternelle. Et c'est là le reflet d'un tabou transgressé, pourtant crucial et utile, dont on ne parle pas suffisamment dans ce relationnel divin. De plus, si l'on analyse au-delà de ce qui dépasse un peu trop systématiquement du chiton de Zeus pour aller semer aux quatre vents, Athéna associera éternellement l'amour romantique à l'avalement de sa mère, sort qu'elle rejettera de façon fortement compréhensible. Athéna, en se soustrayant de manière permanente aux jeux de la séduction, s'assure de ne jamais être dominée ou séquestrée et de ne jamais baisser sa garde. En ce sens, son célibat assure l'hypervigilance que Zeus s'est achetée en soudoyant Hypnos. Athéna pourra dormir sur ses deux oreilles tant qu'aucun homme ne la courtisera efficacement. Impossible de ne pas voir un lien de cause à effet entre le ventre du père et celui de la fille. Nous sommes tous bien trop concentrés sur leurs têtes pour oser aller plus bas, brasser toute l'ombre qui y grouille et n'attend qu'à être déconstruite.

Zeus le séducteur, qui n'est pas à une contradiction près, s'accouplera de manière répétitive avec les déesses de la génération qu'il combat. Séduire lui permet, en plus de créer une ribambelle d'héritiers légitimes ou non, de dominer et d'anéantir. Ainsi, ses épouses divines se succèderont : Mètis, Thémis, Dioné, Eurynome, Mnémosyne, Léto et enfin, et définitivement, Héra. Aucune de ces déesses ne donne véritablement envie de prendre sa place. Elles véhiculent toutes, à travers leur relation avec Zeus, un vécu-avertissement très dissuasif vis-à-vis du charme du souverain céleste. Ainsi, Zeus n'est pas un dieu d'égalité dans le couple romantique. Il évoque plutôt les jeux de domination, de tromperie et de séduction à double tranchant. Mètis, dans son avalement spectaculaire, lègue alors au monde olympien la seule « femme » qui saura dompter ce mari terrible : leur fille.

Un père singulier et révélateur

Athéna est, pour Zeus, l'amour qui abat ses défenses. S'attendant à un fils destituant, Zeus pose sur sa fille, dès les premiers instants, un regard inhabituellement candide. De menace à abattre, son enfant devient une fille chérie et portée aux nues. On peut alors considérer qu'Athéna, qui ne connaît que la victoire, remporte symboliquement sa première bataille face à son père. Elle le terrasse d'une manière inédite : par l'amour et la fierté.

Zeus devient, avec sa fille guerrière, une sorte de père hippocampe. Il réitérera ainsi l'expérience de porter lui-même sa progéniture, cette fois-ci bien plus consciemment, en faisant le choix délibéré de couver le fœtus de Dionysos dans sa cuisse. Aurait-il, alors, pris goût à cette forme de quasi-maternité ? La question peut prêter à sourire, mais elle humanise quelque peu le rusé souverain et le rend beaucoup plus sympathique et moins froid et calculateur que dans ses précédents mythes.

Quand Athéna est un fruit intellectuel, sortant de la tête de son père, Dionysos se révèlera bien plus lié aux instincts, issu de la cuisse paternelle et donc de cette sensualité décadente à laquelle Athéna reste sourde. Peut-être Zeus montre-t-il plus d'ardeur vis-à-vis de la cuisse que de la tête en faisant le choix motivé de cette grossesse dionysiaque insolite quand la gestation d'Athéna lui est arrivée de façon plus subie et surprenante ? Ces deux enfants, tous deux issus du corps paternel, se révèleront, par ailleurs, extrêmement polarisés. Athéna est la raison et la mesure tandis que son frère est la folie et la démesure. Ainsi, rien n'est laissé au hasard dans ces naissances et Athéna conservera en elle et dans ses valeurs intrinsèques, l'importance de la place, des lieux et de leur symbolisme. Cette tête, ce « sommet paternel », comme l'indique l'étymologie de son nom, perdurera sous d'autres formes dans son culte. C'est principalement en tant que déesse civilisatrice et protectrice des cités qu'elle rappellera la primauté de ces notions.

L'un des grands esprits alliés d'Athéna est l'olivier. Rien d'étonnant, alors, à ce que la couronne de Zeus en soit entièrement constituée puisque sa fille naît de sa tête ! Chaque chose a une place et une nature logique dans la réalité d'Athéna à la suprême intelligence et à l'œil perçant. Quand nous étudierons l'olivier, par exemple, ou souhaiterons l'intégrer à notre magie, nous ne manquerons pas de faire les multiples liens qui le rattachent aux différents épisodes mythologiques. Il sera particulièrement crucial de resituer la place de chaque élément, chaque esprit allié, afin de comprendre les liens tissés par Athéna, fileuse d'exception.

La déesse de la victoire, Niké, lie également le père et la fille au premier coup d'œil. L'un comme l'autre portent cette déesse-symbole dans la paume de leur main. Tous deux victorieux de façon quasi systématique et notoire portent Niké sur eux en permanence comme un flambeau affirmant leur pouvoir et asseyant leur aura. Niké, déesse-abstraction, devient un attribut de plus de la panoplie partagée entre père et fille au même titre que l'Égide ou le Foudre.

Il sera impossible d'entrer en relation avec la sage déesse sans considérer son père et le connaître un minimum. Zeus est intrinsèquement lié à sa fille et à sa nature. Le nom même de ce père omniprésent a une importance capitale. Zeus signifie « dieu », mot lui-même porteur du sens d'« illumination ». Ainsi, quand Athéna surgit de sa tête, Zeus expérimente une fulgurance divine. Dieu de l'éclair, il reçoit et émet ce coup de foudre simultanément. Athéna est la lumière de Zeus incarnée.

L'une des épithètes de Zeus est *Phanaios*, « celui qui apparaît comme la lumière », « celui qui apporte la lumière » ou encore « celui qui brille ». Il est l'illumination expansive qui libère du limitant et saturnien Cronos. Son rapport à la lumière et au temps, en tant que fils de celui qui régit les limites, le place en porteur d'une périodicité expansive de lumière tandis qu'Athéna saura placer cette lumière. Il est l'instant lumineux tandis qu'elle est la place de la lumière. Ainsi, elle positionnera cette étincelle divine en apportant la victoire, en guidant les héros, et en allumant la flamme sur leurs têtes. Le fait qu'elle siège généralement aux côtés de son père et qu'elle soit considérée comme son bras droit amplifie la profondeur de cette relation.

Le lien entre Zeus et la temporalité s'accentue en Athéna à travers l'une des théories étymologiques sur son nom. Athéna viendrait, selon certaines hypothèses, d'« Athanatos » signifiant « immortelle », Thanatos étant la mort et le dieu éponyme de cette notion. Athéna, surgissant de la tête du dieu suprême expanseur, transcende l'espace à travers lequel elle choisit de placer la lumière divine léguée par son père. Elle transcende également le temps, fruit d'une gestation floue dont elle émerge entièrement adulte, âge glorieux qui lui sera définitif et immuable. Elle ne grandit ni ne fane. Elle est porteuse d'une puissante notion d'espoir et d'éternité.

L'absence de ventre maternel dans la gestation d'Athéna ramène également au legs d'une nature quasi masculine ou androgyne et crée un couple père-fille particulièrement puissant. Athéna sera une guide emblématique pour explorer les ombres des schémas maternels toxiques tout comme les terreaux familiaux émotionnellement secs. La toxicité relationnelle, l'intellectualisation poussive des sentiments et le manque de maternage seront des thématiques à explorer à travers cet héritage hors norme. Une clé de compréhension et de guérison collective se trouve sans doute nichée dans le trio Mètis-Zeus-Athéna. Les enfants, et donc les adultes en devenir, ne porteront plus de blessures de mère quand les hommes commenceront à bien traiter les femmes.

Le patriarcat et ses affres se rappelleront forcément à nous à travers la dynamique père-fille. Athéna, étant née entièrement adulte selon la meilleure idée de son roublard de père, évoque l'apparente incapacité de nombreux hommes « vieille école » purement patriarcaux à se consacrer aux soins requis par un nourrisson, et, plus tard, à un enfant et à un adolescent. Zeus se soulage instantanément de cet effort soutenu, épuisant, peu gratifiant et trop souvent dévolu à la gent féminine en créant une fille déjà adulte. Athéna, par sa naissance, nous montre qu'elle est bel et bien le produit d'un cerveau mâle dans un contexte patriarcal, Zeus n'ayant pas à s'encombrer du sacrifice que requiert la maternité typique. Il se construit un enfant sur mesure pour homme de pouvoir. Ainsi, il ne renoncera jamais à sa carrière ni à son train de vie. Athéna nous montre un énorme éléphant dans la pièce civilisationnelle : l'absence totale de volonté de prendre part à l'enfance, à l'éducation et au soin des petits de la part des patriarches. Quand les dieux ne dévorent pas leurs rejetons, ils annihilent purement et simplement ces étapes de vie pour ne pas s'en encombrer. Il existe une inversion en Athéna, par rapport à son père, qui a refusé de porter son enfant Érichthonios, mais en a assumé l'éducation et le soin. Athéna se rebelle donc discrètement et peut-être inconsciemment contre ce père pourtant adoré. Elle annonce bel et bien un nouveau modèle du genre ainsi qu'un nouveau paradigme de parentalité.

Une fille émancipée

Quand Athéna est un symbole d'indépendance, de célibat et de virginité, Zeus est finalement bien moins émancipé que sa fille. Même ses épithètes peuvent le lier aux femmes. Ainsi, *Zeus Heraios* est l'époux d'Héra, dont le nom de déesse signifie « la dame ». Cette épithète a un poids significatif. Zeus est l'époux de la dame, le masculin du féminin. Il baigne dans l'interdépendance et le rapport à l'autre sexe. De plus, Héra est la déesse des mariages, du couple, et la grande protectrice des femmes et des mères. Zeus, par son union de pouvoir à sa sœur jumelle, devient un symbole fort pour le masculin dans le contexte civilisationnel qu'il construit en tant que souverain suprême. Reconnaissons-nous les hommes de notre temps dans l'homme uniquement préoccupé par son maintien au pouvoir et sa course aux jupons, déculpabilisé par le confort d'avoir à domicile une épouse régulière fidèle et pratique, bien qu'acariâtre ? Reconnaissons-nous les pères absorbés par leurs poursuites personnelles, acclamés au moindre micro-investissement dans la vie de leur marmaille, surtout quand cette dernière a suffisamment grandi pour ne pas être trop fatigante ? Reconnaissons-nous les dirigeants masculins dans leur engloutissement du mérite féminin, l'invisibilisation de ce dernier et l'instrumentalisation des forces féminines à leur avantage ? Notre société n'est-elle pas régie par des Zeus qui adorent les femmes pour mieux les croquer – des femmes miniaturisées et absorbables, des femmes-mignardises –, adoration purement récréative se transformant en lutte à mort à la moindre saillie de changement ? Athéna n'est-elle pas une balise placée stratégiquement pour nous montrer comment sortir du trou patriarcal et de l'assistanat à Sa Majesté Le Dominateur ? Jaillir par surprise, se faire aimer sans s'enchaîner à lui et ne jamais s'attacher à des fanfreluches égotiques telles qu'un trône ou une couronne. Être une femme armée, une femme libre, une femme douée. Avoir toute la liberté émotionnelle pour étaler sa vaste intelligence sans que cela émascule qui que ce soit. N'avoir aucun plafond de verre à percer, vivre à ciel ouvert, le crâne de l'ancien fracassé, ouvert en deux, laissant voir l'infini des potentiels.

Athéna, éternellement célibataire, est l'antithèse d'Héra. Elle refuse le mariage et la maternité traditionnelle. Elle est une femme sans aucune allégeance qui vit pour de grands idéaux. Elle devient une mère symbolique, une mère des cités, maternité moins épuisante et plus gratifiante à grande échelle sociale. Cette maternité dépassionnée l'insère. Elle est une femme dans le monde au lieu de se laisser cadenasser par la domesticité entravante et avilissante qu'engendre l'agrippement à la paresse masculine.

Cependant, Athéna n'est pas uniquement émancipée vis-à-vis du couple. Elle est fortement indépendante vis-à-vis de son père tout en étant proche de lui. C'est sans doute là un lien de cause à effet intéressant, un détachement parental sain engendrant un sens du soi souverain et une capacité à se réaliser sans avoir besoin d'autrui. Ainsi, elle n'hésitera pas à participer au coup d'État organisé par Héra dans l'Olympe pour destituer Zeus, bien que cette tentative échoue et place Héra en fâcheuse posture, punie par son mari, enchaînée au ciel et affublée de lourds fardeaux aux pieds, écartelée douloureusement, jusqu'à ce que son fils malaimé, Héphaïstos, ne la délivre. Athéna, quant à elle, ne sera pas énormément inquiétée d'avoir épaulé l'épouse rebelle. Il peut sembler invraisemblable que la fille préférée de Zeus, habituellement si proche de son père, décide de le trahir ainsi. Athéna aime son père. Ici, on apprend qu'elle n'aime pas de façon absolue, en revanche, sa façon de gouverner, et qu'elle est prête à soutenir une opposante féminine à son joug. Peut-être soutient-elle également un mouvement d'émancipation en Héra ?

Toujours est-il qu'Athéna peut être proche de son parent tout en n'approuvant pas à cent pour cent son règne. Elle fait la distinction entre le faire et l'être. D'autre part, elle n'est pas à l'origine de la rébellion et ne l'aurait sans doute jamais été. Son positionnement est bien plus passif et suiveur quant au renversement de Zeus. Elle n'est donc pas à tout prix motivée par la perspective de le voir détrôné, mais se laisse séduire par le fait de donner de l'impulsion à un mouvement destituant déjà existant. Quelles que soient les motivations d'Athéna, Zeus ne lui en tiendra pas rigueur et leur relation père-fille n'en souffrira pas vraiment. Athéna peut tout faire face à son père sans être déshonorée à ses yeux. N'est-ce pas là le signe d'un amour inconditionnel immense ? Athéna, d'ailleurs, est souvent taxée par les intellectuels et féministes modernes, à tort, à mon avis, de vile collaboratrice patriarcale. Cet épisode nous prouve bel et bien le contraire et appelle à voir avec plus de finesse comment il conviendrait de renverser le patriarcat, non pas frontalement et avec la haine au cœur, mais avec délicatesse et de justes ambitions, sans pour autant haïr celui que l'on démet de son pouvoir. Athéna ne veut pas prendre la place de Zeus. Elle veut porter le progrès dans le monde. En tant que déesse de la stratégie guerrière, cela en dit long sur elle. Elle ne considère pas son père comme un adversaire. Elle cherche sa collaboration et tente souvent d'obtenir son approbation pour ne pas offenser sa loi. Elle respecte son cadre même si elle saura s'unir à un mouvement opposant. Athéna comprend que pour apporter une juste évolution, une amélioration sage, il faut œuvrer au sein de la civilisation et la respecter tout en la faisant évoluer. Zeus, incapable de punir sa fille, est sans doute, au-delà de son amour paternel, conscient de la sagesse qui motive Athéna et cela expliquerait d'autant plus son incapacité à se résoudre à la rejeter quand elle ne le suit pas. Athéna est, après tout, également déesse de la sagesse.

L'émancipation d'Athéna vis-à-vis de son père se ressent aussi et surtout lorsque les humains entrent en scène. Zeus prend rarement parti pour eux. Il peut arbitrer, choisir des intermédiaires, mais il tient sa position dominante même si une épithète associée à son apparence sous forme de serpent ancien, *Zeus Melichios*, le qualifie de « compatissant ». Zeus ne serait alors compatissant que sous une forme animale, ancestrale et étrangement proche de la sagesse que porte Athéna. La déesse de la stratégie guerrière, elle, se positionne et prend parti pour l'humanité à plus d'une occasion. Elle se soucie véritablement de son sort. Elle veut orienter son destin de manière favorable. Cette capacité à participer au tissage du destin humain en l'influençant par un marrainage efficace fait presque d'Athéna une prolongation des Moires, une version olympienne des tisseuses mythiques. La compassion d'Athéna va beaucoup plus loin que celle de son père qui, lui, est fatigué d'avance par les querelles du royaume terrestre et préfère le confort de la prise de décisions sans y mettre trop d'implication personnelle. Zeus reste un arbitre et un juge relativement froid. Athéna, quant à elle, intercède, interagit, descend parmi nous et nous guide puissamment pour nous porter. Cette générosité envers l'humanité est inédite dans son sang familial. Elle la crée d'elle-même.

Par son indépendance, en général, mais aussi et surtout vis-à-vis de son père, qui campe tout de même le pouvoir suprême personnifié, Athéna met également le doigt sur un thème majeur : le lien comme affaiblissement de la divinité. Effectivement, comme l'a démontré Mètis en se mariant avec Zeus et en se faisant avaler par ce dernier, le seul moyen de vaincre une divinité est de la lier. Ainsi, lier, enfermer, cadenasser, empêcher et priver de liberté annule le pouvoir d'un dieu. C'est le cas avec les Titans enfermés dans le Tartare. À défaut de tuer cette génération divine, le seul moyen de les séparer de la jouissance d'une quelconque puissance était de les mettre sous clé. Ce parallèle est à comprendre également dans un sens humain. La relation d'emprise est ce qui sépare le plus efficacement l'être de sa marche de manœuvre divine dans le monde. Endormir la conscience de soi chez l'autre au moyen frauduleux du lien et de ses dissonantes obligations permet d'annihiler son appétit d'exercer un quelconque pouvoir – juste ou non – et de confisquer le plus grand vecteur dudit pouvoir : la liberté. Ainsi, Athéna est libre, éternellement. Elle véhicule cette liberté et nous l'inspire. Ce n'est pas un hasard si l'on peut la reconnaître dans les traits et lignes de la statue de la Liberté ou dans le tableau de Delacroix, *La liberté guidant le peuple*. Athéna nous montre que le lien ne doit être ni stratégique ni compensatoire, et qu'il doit surtout laisser libre, ce qui est assez antinomique. Étonnamment, le relationnel qu'elle entretient avec son père, ce dernier étant loin d'être exemplaire d'habitude, prouve que cette liberté est possible dans l'amour inconditionnel plus que dans les loyautés factices. Athéna m'avait effectivement abordée en me parlant d'amour ! C'est parce qu'elle est une déesse aimée et aimante, et son attachement à l'indépendance est une clé souveraine en la matière.

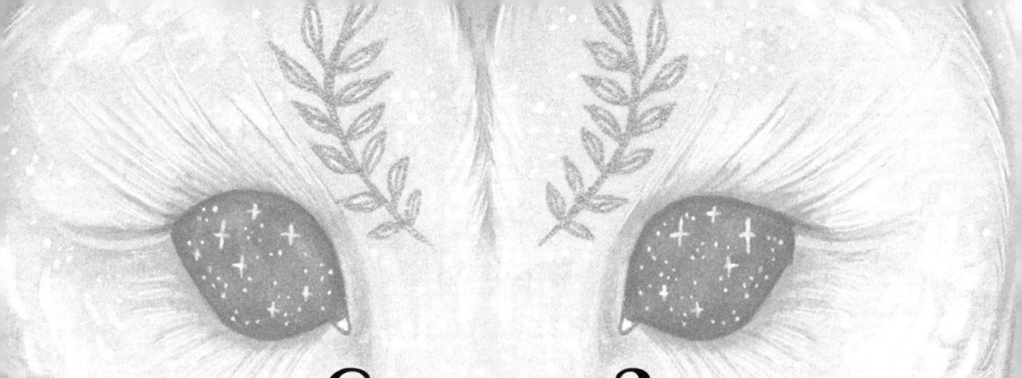

Chapitre 2
Une dualité réconciliée

Athéna porte son titre de déesse de la guerre de façon ambivalente, car, nous le verrons dans ce chapitre, elle incarne une formidable force d'unité et a une capacité hors du commun à rassembler, combiner et réconcilier. Ce qu'elle représente teintera nos luttes de façon subtile. Déesse intellectuelle, elle viendra nous questionner sur nos forces. Sont-elles physiques ou d'une tout autre nature ? La victoire d'Athéna n'est effectivement pas corrélée à la force brute, tout comme c'était déjà le cas pour sa mère, Mètis. Ainsi, la guerre, de façon archétypale, davantage reléguée au monde masculin, trouve avec elle ses nuances. Quelle polarité porte Athéna ? En quoi les opposés peuvent-ils s'allier en elle, en nous et dans notre macrocosme ? Athéna sera-t-elle l'alliée privilégiée d'un sexe en particulier ? La nature divine d'Athéna nous coupe-t-elle de son essence ou, au contraire, peut-elle descendre à travers nous pour réconcilier l'Olympe avec le monde humain ? Autant de questionnements qui ont jalonné mon parcours avec la déesse sage et qui m'ont amenée à comprendre la formidable dualité qu'elle porte en elle et avec laquelle elle peut nous apprendre à œuvrer.

Féminin et masculin : Athéna, femme androgyne

Hermaphrodisme et androgynie

En analysant le mythe de sa venue au monde, je ne peux m'empêcher de développer une théorie qui me tient à cœur sur le sexe d'Athéna. Gaïa avait prédit que Mètis accoucherait d'un fils qui destituerait Zeus, oracle qui avait affolé le souverain au point de le rendre inhabituellement gourmand et de le motiver à manger son épouse, le féminin reposant dans le masculin dans une étrange et antagoniste fusion, à l'instar de poupées russes s'enrichissant de leur plus jeune fruit, la déesse de la stratégie guerrière. Et si ce fils avait bien existé ? Après tout, Athéna est née tout habillée, armée et casquée. Quiconque la voit nue est frappé de cécité. Sa nudité est un tabou gigantesque. De plus, elle a vu le jour adulte, invisibilisant les mutations de l'adolescence. Enfin, elle porte des qualités essentiellement masculines : celles de la guerre, habituellement réservée au monde des hommes. Athéna se mêlera au monde masculin avec une aisance déconcertante sans que quiconque l'y juge déplacée. Son célibat floute ses orientations et dénote un manque total d'appétit pour un sexe, quel qu'il soit. Loin de moi l'idée de prétendre qu'Athéna soit en vérité de sexe masculin. Je penche davantage pour une identité androgyne poussant la théorie jusqu'à un potentiel hermaphrodisme. Le fils de Zeus, c'est elle ! Athéna est féminine et masculine, homme et femme, mélange du frère et de la sœur en gestation à l'intérieur de Mètis et de Zeus, comme si des jumeaux avaient reposé en leur sein pour ne former à la sortie qu'une seule divinité. Quoi de plus logique dans une grossesse où les sexes s'imbriquent ? Ils finissent par fusionner et resurgir avec le visage permettant le plus probablement leur survie : ici, le féminin. En effet, Zeus vivait dans la peur panique de voir venir au monde un fils successeur, preuve tonitruante du peu de considération accordée à la capacité à régner d'une potentielle héritière. Nous retrouvons dans cette hypothèse l'identité orphique de Phanès-Mètis, retranscrite dans une Athéna dotée d'une intelligence fulgurante au point d'adapter son sexe à son environnement afin d'y survivre, bien qu'elle dispose des deux.

Athéna pourrait être la consolidation de deux êtres à visage féminin, mais portant les deux essences, une androgyne divine qui ne montrera jamais tout le spectre de son identité sexuée par prudence ultime. Cette déesse m'a toujours emplie d'un trouble concernant son identité genrée. Elle n'est pas ce que l'on nous vend. Elle est bien plus. La déesse de la stratégie guerrière porte ainsi l'équilibre des polarités en plus d'être dotée d'une ruse suprême en héritage. Par ce tabou sur son sexe, elle dupe tout le monde, à commencer par son père. Cela ne signifie pas que l'androgynie soit taboue en soi, mais plutôt qu'elle le devient fatalement dans un contexte peu évolué comme l'est le monde institué par les Olympiens.

Athéna échappera toute sa vie à Aphrodite, qui ne cherchera jamais à la soumettre à la fatale attraction qu'elle exerce sur les corps. Pourquoi ? Cela peut surprendre de voir une telle trêve entre deux divinités peu solidaires d'ordinaire. L'explication à cette faille dans le pouvoir d'Aphrodite ne résiderait-elle pas dans le fait qu'Athéna porte en elle ces deux corps et qu'ils sont d'ores et déjà en fusion constante ? Il n'existe donc aucune porosité à un pouvoir vénusien sur Athéna. Elle est la complétude intégrée. Le couple qu'elle rejette et auquel elle se refuse est à l'intérieur ! Elle l'incarne à elle tout entière ! Pourquoi s'encombrer des affres de la passion quand on se suffit à soi-même intrinsèquement ?

Quand Athéna naît et évolue, toute sa vie durant, entièrement vêtue et cuirassée, c'est la preuve de cette union des opposés parfaitement scellée en elle. La nature même de sa mètis est androgyne, à la fois technique et magique. Athéna incarne une guerre équilibrée entre Mars et Vénus, fracas et douceur justes. Elle nous montre la voie de l'intégration interne du féminin et du masculin. Ce mariage intérieur, en revanche, chez elle, brille par son asexualité, orientation sexuelle dont elle porte le flambeau pour qui s'y reconnaîtra.

De façon plus pragmatique, il était admis qu'Athéna se montre peu féminine étant donné l'éducation qu'elle reçut, dépourvue de la rondeur et de l'affection d'une mère. Les Grecs de l'Antiquité pensaient volontiers que l'identité de genre était une construction culturelle plus que biologique, idée étonnamment moderne si on la transpose à notre époque où ces questions divisent encore. Athéna aurait ainsi subi une déconnexion vis-à-vis du corps, de la féminité ou encore de l'enfance, car elle est née adulte et orpheline de mère. Cependant, cette apparente déconnexion se voyait contrariée par le style vestimentaire d'Athéna qui se parait toujours de vêtements extrêmement raffinés et féminins. Ainsi, l'androgynie et le flou entre les genres sont toujours présents en Athéna pour nous troubler et contrarier nos a priori.

Guerre et paix des sexes

Quand Athéna est critiquée du fait de venir davantage en aide aux hommes qu'aux femmes, elle ne montre pas une inclination pour un sexe plus qu'un autre dans son système de valeur personnel très équilibré, mais met totalement en lumière ce favoritisme chez ceux qui narrent la mythologie. Athéna guide les héros. Elle ne boude pas les héroïnes. C'est le monde antique qui les invisibilise et les cantonne à un rôle stéréotypé de soutien à la masculinité, stéréotype dont nous peinons encore à nous extraire et que l'on nous vend comme nul et non avenu afin de ne surtout pas faire bouger ces nauséabondes lignes millénaires. Dans un contexte moderne idéal, et donc relativement futuriste et idéaliste, l'œuvre d'Athéna serait justement retranscrite, la déesse mettant en avant femmes et hommes de valeur sans discrimination sexuée ou genrée. Ne commettons pas l'erreur de rejeter sur la déesse sage les travers de ceux qui ont monopolisé la transmission des récits avec un agenda manquant de neutralité. Athéna n'est pas une déesse misogyne ni une vendue, ennemie des femmes, bien satisfaite d'être la seule invitée parmi « les forts » tout en crachant sur les autres, ceux qui ont échoué à accomplir l'exploit qu'elle a réalisé. Elle n'est pas ce cliché de femme carriériste et sans pitié, insensible mégère écrasant son propre sexe, lorsqu'elle le reconnaît, sur une autre. Certes, elle comprend le patriarcat. Elle s'y meut avec aisance. Elle détient une sagesse pour se fondre dans le décor sans s'y perdre. Elle séduit les tyrans sans se laisser enfermer par leur doctrine. Elle fait ce qui lui chante comme cela lui chante. Plutôt que de la diaboliser, pourrions-nous envisager de l'écouter nous transmettre ses stratégies d'évolution dans un système auquel elle n'est pas soumise alors que tous croupissent sous l'obligation ? Dans divers épisodes mythologiques, elle intègrera l'essence d'autres femmes qu'elle portera comme un étendard. Peut-être pourrions-nous porter à notre tour l'étendard féminin d'Athéna, la bigrement surdouée qui a compris comment ne pas se laisser avoir ?

Athéna est incroyablement indépendante et ne porte pas les clichés de la féminité, sans que la féminité fortement polarisée en soit ridiculisée pour autant. Tout comme il devrait être parfaitement accepté d'afficher une féminité flamboyante en dansant lors de cercles de femmes, cheveux au vent, au rythme des tambours, en n'ayant que le mot « utérus » à la bouche, ou de s'épanouir dans la douceur du foyer et de n'aspirer qu'à voir ses enfants grandir, acceptons un modèle féminin indépendant, ambitieux, à l'intellect acéré et reconnaissons l'apport crucial que cela représente pour nos futures générations sans instaurer en contrepartie un devoir de choix entre l'un de ces modèles. Pourquoi sa nature écraserait-elle qui que ce soit ? Quel malotru a farci l'inconscient collectif d'inepties entretenant le mythe de la dangerosité de la pluralité, de la puissance et de la capacité d'entraide entre les différentes féminités ? Arrêtons de voir les femmes à l'intelligence froide comme des traîtresses écrasantes. Inspirons-nous de cet interdit qui ne manquera pas de boucher un coin à plus d'un rétrograde. Athéna porte l'héroïsme, sans distinction de genre. Héroïnes, relevez la tête et réclamez votre place sous l'Égide de la grande stratège ! N'ayez pas peur d'apprendre à parler couramment le patriarcat pour mieux la lui faire à l'envers. Cessez de vous tasser tout en espérant que toutes se voûtent par solidarité envers la féminité martyre d'un temps que nous attendons d'appeler « révolu ».

Il est vrai qu'Athéna ne sera pas compatible avec tous et toutes. Pour bénéficier de sa protection, encore faut-il tendre vers l'équilibre qu'elle porte et s'ouvrir à sa propre narration héroïque à échelle humaine. Cela semble culturellement, encore aujourd'hui, et fort malheureusement, plus accessible aux hommes qu'aux femmes. Camper sur des positions de parfaite victime sans ambition ni volonté de progrès ou d'indépendance risquera fortement de faire fuir la déesse au regard sage. D'où la nécessité de s'extraire de l'essentialisme pervers que chercherait à nous faire gober le patriarcat. Athéna ne nous maternera pas. Comment le pourrait-elle quand elle a elle-même manqué d'une mère ? En revanche, elle nous portera avec une force peu commune pour résister à une existence molle au service de la tyrannie. Nous pourrons chercher à être cajolés ailleurs. Et pourtant, dans ce soutien stratégique d'une puissance gigantesque, c'est tout l'amour de la déesse qui s'exprime.

Guerre et paix : la guerre noble

Aux origines d'Athéna telle que nous la connaissons aujourd'hui, certaines identités divines se démarquent comme influences majeures. La nature guerrière et protectrice d'Athéna se retrouve dans une déesse mycénienne dont les statues et peintures représentent une femme-bouclier. Inanna, la grande déesse céleste mésopotamienne de l'amour et de la guerre, affiche également une forme évidente d'ancestralité. Anat, la déesse cananéenne, plus tard exportée en Égypte, porte la lance et le bouclier typiques de notre bien-aimée grecque en plus d'arborer un nom aux consonances similaires. Neith, déesse égyptienne, patronne de la ville de Sais, divinité guerrière et tisseuse, affiche à son tour de nombreux traits communs avec la fille préférée de Zeus, ce qui a poussé certains à voir des rapprochements entre les noms des deux déesses. Toutes ces influences pointent dans la direction d'une nature guerrière juste, aimante et intelligente, éminemment protectrice, porteuse d'une forte notion de destin et de talents tissés avec maestria, le tout descendant du céleste pour amener le secours divin au milieu de l'humanité et de la civilisation en chapeautant la cité.

Athéna n'a jamais revêtu un visage sanguinaire poussif. Son attaque est toujours fortement équilibrée par la défense et la raison. Ainsi, si elle se positionne de façon activement guerrière, la justification est alors éminemment puissante.

Pendant la Gigantomachie, nous assistons à la pleine puissance combative d'une Athéna dont les assauts sont meurtriers. Déterminée à faire remporter la victoire aux Olympiens, dont elle fait partie, elle terrasse les gigantesques fils de Gaïa à l'aide de sa sagesse serpentine. Les Géants, nés du sang de l'ancêtre de Zeus, périssent sous les coups de sa fille. Elle écrase Encelade sous une montagne qui deviendra l'Etna et écorche le Géant Pallas pour revêtir sa peau. Athéna porte de façon assez claire cette coloration mythologique qui vise à mettre l'ancien à genoux pour assoir quelque chose de neuf. Pour ce faire, elle n'usera pas d'une méthode égale et inchangée sur tous les fronts. Son but est davantage la paix et la collaboration que la guerre et l'adversité. Cependant, si la violence est nécessaire, elle s'en saisira avec toute la justesse qui la caractérise, car elle est la sagesse armée.

Athéna allie guerre et éthique, combat et dévouement. Elle montre ses valeurs dans ses batailles choisies tout comme dans les qualités recherchées chez ses protégés. La guerre se doit d'être noble et héroïque, intelligente et pacifiante. Quand les héros se démarquent, cela ne se fait pas en vain. Leurs exploits sont un gage de service envers une cause plus collective ou idéale. L'héroïsme guerrier porté par Athéna n'est pas un prétexte au dépassement de soi en un huis clos égotique. On ne se prouve rien à soi, on accomplit directement quelque chose dans le monde. Athéna fait le lien entre la quête initiatique héroïque, en apparence individuelle, et la guerre collaborative humaine. Elle fait passer le mythique dans la matière en faisant descendre son essence dans la cité. Ainsi, son pouvoir ne se cantonne pas aux mythes et l'on pourra bel et bien ressentir sa patte dans le style guerrier des hoplites athéniens, soldats bien réels, qui se battaient en formations collaboratives et protectrices appelées « phalanges », lourdement armés avec, notamment, un bouclier constituant la pièce maîtresse de leur attirail, ce qui n'est pas sans rappeler la prépondérance du bouclier d'Athéna. Les héros « solitaires » décrits par les mythographes ne reflètent, dans le fond, que la quête initiatique humaine de tout un chacun. Dans la vraie vie, Athéna nous montre notre macrocosme, comment interagir avec ce dernier et éventuellement se mettre à son service si cela participe à l'instauration d'un idéal élevé.

La guerre d'Athéna active donc la quête individuelle se répercutant sur le collectif et met indéniablement en mouvement, valorisant à la fois la défense et l'attaque, la fin qui justifie les moyens. Cette fin sera, peut-être paradoxalement pour une déesse de la guerre, la paix qui mène au progrès. Ainsi, Athéna ne vise pas la tranquillité par dédain envers le tumulte. Elle est elle-même porteuse de fracas et ne rechigne pas à la bagarre. Toutefois, elle vise plus loin que la bataille. Sa guerre est un instrument au service de l'idéal véritable qui est le sien : la sagesse. Cet idéal ne sera pas celui de tous et cela se comprend aisément en analysant les motivations de ses opposants emblématiques.

Athéna contre Arès : les opposés guerriers

Zeus l'affirme lui-même : il déteste le dieu de la guerre, son fils Arès. Pire encore, ce dernier est de loin le dieu et rejeton qui lui est le plus insupportable.

Ainsi, Zeus ne montre pas d'attachement à la guerre en tant que notion absolue en favorisant Athéna entre tous ses enfants. Ce n'est pas la guerre qu'il voit et valorise en elle, mais sans doute l'idéal qu'elle vise et pour lequel elle se bat et pousse à se battre. Les deux divinités guerrières, Arès et Athéna, sont en vérité totalement opposées et résolument adverses en dépit d'appartenir à la même fratrie. Cela soulève l'existence de tout un spectre guerrier dans lequel Arès et Athéna sont opposés. C'est pourquoi on ne pourrait associer Athéna à une guerre martienne et la célébrer inconsciemment le mardi en s'appliquant à dessiner religieusement des sigles traditionnellement attribués à son frère. Pourtant, vous lirez partout que la guerre est associée à Mars et au mardi. Oui, Athéna est une déesse de la guerre, mais pas n'importe quelle guerre, et certainement pas celle d'Arès, révéré sous le nom de Mars par syncrétisme romain. Cette relation frère-sœur nous sort alors de notre pensée de masse : il n'y a pas qu'une seule guerre et notre travail en lien avec Athéna sera bien plus complexe, à l'image de l'intelligence fine de la fille du grand roi olympien. Peut-être même que la violence de la guerre et l'a priori négatif qu'elle suscite chez la plupart d'entre nous pourront bénéficier d'un œil neuf, perçant – comme celui de sa chouette emblématique – à la lumière d'Athéna.

Athéna est considérée comme la patronne des guerriers tandis que son frère est un amoureux du carnage et non pas un protecteur. Arès est davantage un tueur de combattants. Cela remet énormément en perspective la guerre portée par chacun en dépit du fait que leur titre semble le même lorsqu'il n'est pas nuancé par une approche plus profonde des mythes. Les profanes qui interchangeraient Arès et Athéna comme s'ils faisaient appel à de simples « ingrédients guerriers » feraient preuve de double parjure, mais surtout, et cela est inacceptable aux yeux d'Athéna, de bêtise.

Arès, à l'opposé de sa sœur, est sans foi ni loi. Il aime le sang, la guerre pour la guerre. La guerre pour seule fin. Un monde gouverné par Arès serait un monde de chaos violent, d'instinct ravageur, de sang déversé en vain pourvu que tonne la bataille. Arès n'a pas l'honneur de sa sœur et n'hésite pas à changer de camp spontanément pendant la guerre de Troie. La guerre est, pour lui, un objectif qui se suffit à lui-même quand elle est l'arme, l'outil, l'instrument de la quête humaniste de sa sœur. Arès est décrit comme un fléau pour les humains tandis qu'Athéna nous porte et nous seconde pour nous élever. La guerre d'Athéna vise à minimiser la violence, voire à l'empêcher.

Son attachement va à la victoire et à l'héroïsme civilisateur. La guerre d'Arès, elle, promeut la force brute et appelle la gloire comme récompense, choses dont Athéna n'a que faire et qu'elle méprise avec toute la force de son intelligence. Pourtant, glorieuse, elle l'est. Notamment lorsqu'elle fracasse son frère au cours d'un duel dans l'*Iliade*, prouvant sa supériorité face à l'imbécile goût pour la mêlée. Elle le toise et se moque de lui, non contente d'être bien plus maligne que lui (et que tous), mais également supérieurement dangereuse. La force d'Athéna n'est donc pas en reste sous prétexte qu'elle a la tête froide face au sang chaud d'autrui. Elle est la meneuse des assauts ultimes, à la fois millimétrés et fracassants. Elle ne se cache pas, chétive, derrière une intelligence qui compenserait une faiblesse cachée. Elle a tout, en mieux. Voilà de quoi boucler plus d'une bouche qui forcerait les femmes à choisir leur talent ! Et face à celui qui porte le sigle du masculin, Mars rampant fébrilement dans la poussière, loin de la terrifiante Athéna dressée avec superbe, assommé par la puissance de celle qui maîtrise mieux la guerre que lui, elle lui assène cette tirade jouissive :

« Pauvre sot ! Tu n'as donc pas compris encore à quel point je puis me flatter d'être plus forte que toi, pour que tu ailles de la sorte mesurer ta fureur à la mienne ? »

Voici donc où le bât blesse pour Arès et où l'on comprend l'étendue du pouvoir de sa sœur qui le mouche comme un gamin sur son propre terrain. Athéna maîtrise la guerre en y exerçant une écrasante supériorité à tous niveaux. Arès, lui, est possédé par la guerre. Cette nuance est accablante. Quand la fureur d'Arès est habituellement inégalée, face à sa sœur, il subit l'écrasement d'un rouleau compresseur contre lequel il ne pourrait pas même tenter de se préparer, car Athéna peut déchaîner une sainte colère dévastatrice tandis que lui est incapable de la sagesse athénienne. Elle a parfaitement accès à ce qui fait le pouvoir de son frère alors qu'il ne saura jamais comment rattraper sa sœur. Voilà ce qui fait de ces deux divinités des forces éminemment distinctes, inégales, et j'oserais même dire symboliquement hiérarchisées. Quand Athéna écrase son frère, elle lui signifie quel torchon il est face à son statut de serviette grand luxe, sans baisser les yeux, sans paraître arrogante et sans exagérer. Elle sait, en cet instant et pour toujours, qui elle est et elle le dit avec la précision chirurgicale qui fait d'elle une puissance terrible à défier. Ainsi, Athéna n'est pas seulement redoutable pour les fessées déculottées qu'elle peut distribuer sur un champ de bataille, mais aussi pour les claques retentissantes et imparables qu'elle peut abattre sur les égos échauffés. Elle le signifie elle-même : bien sot celui qui irait se mesurer à sa victoire systématique, victoire non pas due uniquement à la chance, mais bel et bien au talent. Quoi de plus dévalorisant que quelqu'un qui exerce le même art que soi et qui nous dominerait quoi que l'on fasse pourvu que l'on entretienne une rivalité qui, de plus, n'a pas toujours lieu d'être ?

La rivalité entre les deux divinités est cependant attestée de longue date. Loin d'être des forces qui s'ajoutent, Athéna et Arès ne cessent de se taper dessus et sont résolument ennemis. Arès, naturellement violent, vient systématiquement chercher sa raclée auprès de sa sœur, dont l'agressivité n'est pas en reste. Il semble être dans la nature d'Arès d'attirer les foudres et les coups lorsque l'on découvre que même Héra, sa mère, réclame à Zeus l'autorisation de frapper leur insupportable rejeton.

Athéna a, en plus de la supériorité physique et intellectuelle, tout ce qui manque à son frère pour être une cheffe de guerre complète : pragmatisme, organisation, sens de l'analyse... Elle a la gouvernance dans le sang et ferait une excellente cheffe d'entreprise en plus d'être une stratège de haut vol. Ses aptitudes à la conciliation et la médiation visant à éviter le conflit la distinguent fortement de son frère. Pour Athéna, un ennemi n'en est pas forcément un. Il est plutôt l'opportunité de gagner un potentiel allié dans un processus de transmutation de la guerre en paix, un levier alchimique de croissance et d'initiation.

Les nuances abondent entre le frère et la sœur. Quand Arès est décrit comme revêtu de dégâts, Athéna est celle qui les apporte et les provoque. Encore une fois, Arès se roule de façon animale dans une notion qu'Athéna manie avec bien plus de dextérité et de doigté. La distinction est palpable jusque dans leur tenue. Arès est entièrement rouge, recouvert de pied en cap d'un sang dont il est assoiffé quand Athéna, plus noble, est systématiquement dépeinte en armes et armure rutilantes. C'est donc bel et bien la force de l'attaque bestiale contre la défense souveraine qui ressort dans leur duel.

Bien qu'elle soit la déesse de la guerre, Athéna a cette particularité notable d'être éminemment pacifique quand cela participe à un ordre des choses plus juste. Elle inspirera force, courage, capacité à faire preuve de prouesses, sang-froid et contrôle de soi sur le champ de bataille quand son frère ne déchaînera que sauvagerie et puissance brutale. La guerre d'Athéna assure la paix et soutient la civilisation dont Arès n'a que faire, car il lui manque l'intelligence et la sagesse de sa sœur.

Athéna, bien que posée, n'est jamais une force molle ou défaillante quand il faut partir au front. Elle prouve, par sa rivalité avec son frère et dans leurs différences de styles, qu'une guerre peut se gagner de façon plus efficace avec un état d'esprit pacifique, mais elle se réserve aussi le droit d'abattre sa formidable force si le besoin s'en fait sentir.

Athéna porte une guerre réfléchie, teintée de froideur et parfois d'inaction si la sagesse l'exige. Le temps de la réflexion avant l'action est notamment important dans la finesse de sa posture. On retrouve dans la guerre d'Athéna un mélange des genres, entre violence et paix, masculinité et féminité, faisant de sa posture face à Arès une prise de position androgyne et tactique de la guerre.

Athéna contre Poséidon : meilleurs ennemis

Si Athéna est opposée à son frère Arès, aucun adversaire n'est plus emblématique pour elle que son oncle Poséidon dans leurs mythes partagés. Cependant, l'affrontement perpétuel contre Poséidon reflète le style collaboratif d'Athéna et quand bien même elle se montre bagarreuse envers son frère, elle n'aura de cesse d'interagir avec son oncle de façon plus mesurée et régulière.

Plus troublant encore : les similitudes et expertises partagées entre les deux divinités adverses sont légion. Ils savent se partager des thèmes diamétralement opposés. Leur complémentarité est particulièrement complexe et, bien que l'on reconnaisse en Poséidon l'opposant le plus problématique d'Athéna – et inversement –, on ne saurait évincer ce dieu du chemin de la déesse guerrière par désir de tranquillité. Poséidon tient un rôle crucial face à Athéna et l'on ne pourrait en faire l'économie.

Le maître des mers et des océans doit partager son terreau aquatique avec la divine vierge, vénérée comme une déesse en partie maritime.

Quand Poséidon est le puissant souverain des eaux salées, Athéna préside à la navigation. Elle est celle qui invente le premier navire, l'*Argo*, pour que Jason parte en quête de la célèbre Toison d'or. Ainsi, l'expertise d'Athéna est d'apprendre à naviguer en terrain ennemi, hostile et incertain. Le bateau sur l'étendue abyssale d'eau salée, c'est Athéna elle-même apprenant à marcher avec dignité sur les pièges tendus par son oncle orgueilleux. À travers ce talent qu'elle développe en terrain ennemi, Athéna nous montre que l'on peut modeler tout territoire hostile par l'ingéniosité.

Poséidon est également le créateur des chevaux et campe le rôle majestueux de dieu hippique par excellence. C'est lui qui créa le tout premier cheval de la mythologie grecque en éjaculant sur un rocher. C'est également lui qui deviendra le père de Pégase, cheval ailé né de la tête tranchée de Méduse, qu'il a violée, selon Ovide. Son char est, par ailleurs, tiré par des hippocampes mythiques, animaux fabuleux mi-poissons, mi-chevaux. À travers le cheval, Poséidon montre sa puissance bestiale, affranchie d'éthique, instinctive et galopante. Athéna le rattrape dans ce même domaine et comme à son habitude, elle s'illustre en force dompteuse. C'est elle qui invente le mors et qui permet aux héros de chevaucher les créatures auparavant indomptables de Poséidon. C'est d'ailleurs bel et bien un cheval qu'elle décide d'inventer comme arme de siège face à Troie, la créature de Poséidon étant l'instrument ultime de pénétration dans l'esprit de la déesse guerrière. Le dieu des mers maîtrise l'art d'atteler le char tandis qu'Athéna en détient le secret de conduite. Ainsi, dans ses deux grandes expertises, la mer et les chevaux, Poséidon n'est jamais seul et se retrouve incessamment recadré par cette omniprésente nièce. Plus vexant encore, elle gagnera leur plus célèbre compétition en remportant le patronage de l'Attique, et plus particulièrement de la ville qui deviendra Athènes, nommée ainsi en l'honneur de la déesse sage et guerrière. Poséidon devra se rabattre sur la ville de Sounion pour y installer son temple bien moins célèbre que l'Acropole athénienne et que son incontournable Parthénon. Ce mythe est certainement l'un des plus connus concernant les deux divinités. Chacun y propose un cadeau à la ville et à ses habitants afin de remporter les grâces des votants et des juges. Zeus, invoqué pour trancher, comme à son habitude, délègue ce fardeau, ici, à Cécrops, l'antique roi réputé pour avoir un corps à moitié serpentin, ou bien aux autres dieux olympiens réunis en conseil. Selon certaines versions, les hommes et femmes d'Athènes sont autorisés à voter, les hommes favorisant Poséidon et les femmes, en nombre plus important, Athéna. Toujours est-il que Poséidon propose une source d'eau salée en frappant le sol de son trident et, selon les ajouts, un cheval superbe. Athéna, quant à elle, offre l'olivier, esprit végétal phare de la déesse, représentant la paix et apportant au peuple le bois pour se chauffer et fournir la matière première indispensable en menuiserie, l'huile, les feuilles et les fruits comme nourriture, soins médicinaux et de beauté : un cadeau divin complet et inestimable. Le vote favorise inévitablement Athéna, déchaînant la fureur de Poséidon.

Le dieu montre, dans ce duel incessant, son caractère sanguin et son autorité bouillante. Athéna, froide et réfléchie, est celle qui trouve toutes les solutions pour domestiquer le royaume de son oncle, enquiquinante preuve vivante de la supériorité de son père Zeus et de son legs lors du précédent partage des territoires cosmiques. Elle est l'héritière d'une rivalité collaborative préexistante. Et c'est bien là que le lien entre ces divinités est savoureux : il est très difficile de démêler ce qui relève de la coopération de ce qui révèle d'une opposition. Poséidon et Athéna semblent engagés dans une danse incessante de tentatives de domination, chacun essayant de chevaucher l'autre. Ce qui manque à Poséidon est, à l'image de ce qui se joue avec Arès, la finesse et l'inspiration d'Athéna, qui ne se laisse pas dominer si aisément face aux manières rustiques de son oncle. Athéna, digne fille de ses parents, triomphe par la ruse contre la force brutale de Poséidon. Elle amène de la civilisation à la surface du royaume marin, ne laissant que les profondeurs abyssales au roi des mers pour se retirer et être en paix. Elle est pour lui, telle une tique magique et increvable sur le dos d'un gros chien, accablant le colossal animal d'une double peine : sa pugnace puissance combative et son exaspérante popularité. Imaginez être chevauché à vie par une créature redoutable qui entraverait vos mouvements, déjouerait vos initiatives et se verrait, de surcroît, acclamer par la populace tandis que vous peinez à ramasser votre égo et votre dignité. Nous pourrions presque avoir de la compassion pour Poséidon s'il ne s'illustrait pas à tant d'endroits comme un violeur éhonté, étant notamment le père d'Areion et parfois, des Érinyes, par ce funeste procédé, et un mauvais perdant colérique qui plus est. Il y a là une des choses importantes à souligner dans les « guerres » menées par Athéna. Ses opposants seront toujours défavorisés d'une façon ou d'une autre, même si la déesse est tenue de modérer la fulgurance de sa frappe par prudence.

Pégase est un être qui lie Athéna à son oncle de façon indéniable. Cet enfant de Méduse, prêtresse d'Athéna violée par Poséidon, naît par la tête décapitée de sa mère. Si l'on considère que Méduse est la part sombre d'Athéna, théorie que je développe dans cet ouvrage, alors Pégase est l'enfant illégitime en garde partagée de l'extrême pour les deux divinités ennemies. Athéna apportera au héros Bellérophon les solutions pour monter Pégase et dans ce processus, elle n'oubliera pas Poséidon. Elle sait ménager sa monture, qui, ici, est bel et bien le dieu marin. Elle conseille au héros de faire un sacrifice à Poséidon en bonne et due forme avant de se risquer à dompter l'animal. Athéna, considérant les susceptibilités potentielles de son oncle, prouve qu'elle sait anticiper les débordements égotiques de son adversaire et met ce qu'il faut en place pour prévenir des crises d'humeur inutiles et délétères. Elle ne cherche pas à l'ennuyer par principe pour prouver qu'elle le domine. Elle cherche à arriver à ses fins sans encombre et avec le moins de confrontation possible. Ainsi, on pourrait croire qu'elle ménage son oncle parce qu'elle le respecte ou le craint, mais il n'en est vraisemblablement rien. Elle reconnaît son pouvoir de nuisance et sait, en connaissance de cause, le brosser dans le sens du poil, lui donner l'illusion d'être rassasié de révérence afin qu'il ne monte pas au créneau, cherchant à occuper le devant de la scène par ses caprices de star. Elle analyse les failles de son oncle à l'origine de son insupportable agressivité et en connaît suffisamment les rouages pour en tirer les ficelles avec brio, comprenant bien que donner un sucre par ci, embrasser son postérieur par là et feindre de se mettre à plat ventre devant lui achètera la paix et lui permettra d'être véritablement libre. La liberté d'Athéna n'est pas toujours gagnée de façon frontale. S'opposer radicalement peut se révéler enfermant et contre-productif. Ainsi, Athéna est un modèle puissant pour toute personne séquestrée dans une relation toxique afin de naviguer en eaux troubles face à un être dont l'égo brisé tyrannise tout le monde. Elle est la mère combative qui conseille à son enfant de faire le mielleux face à un père violent tant que la cohabitation est inévitable et les soutiens extérieurs inexistants. Poséidon campe d'ailleurs ce rôle de patriarche persécuteur pour les protégés d'Athéna, n'ayant notamment de cesse de déstabiliser Ulysse, héros adoré de la déesse.

Cette facette de la fille de Zeus, qui achète la paix, est une des clés fondamentales de sa sagesse, trop souvent déformée en inconstance ou en collaboration indigne avec l'ennemi. Il convient de ne pas confondre absence de droiture et concessions pour vaincre. Athéna sait manipuler l'égo adverse à des fins protectrices. Elle n'entretient pas, elle-même, un sens déplacé de sa propre importance et saura très bien entrer en terrain de conciliation, même quand cette dernière notion sera forcée, un sourire par-devant et le couteau dans le dos. Son but de progrès ne la quitte pas, même dans ces moments de concession.

Un point chagrinant concernant la position d'Athéna dans son duel avec Poséidon demeure cependant son obligation unilatérale de collaborer avec celui qui lui est, sans cesse, opposé. Pas de monture sans Poséidon. Pas d'endroit où naviguer non plus. L'oncle sauvage n'est, lui, pas soumis à cette contrainte de se coordonner avec sa nièce. Il peut se suffire à lui-même dans les domaines qu'ils touchent conjointement. En revanche, Athéna dépend de Poséidon pour continuer à œuvrer avec les chevaux et la mer. Il est symboliquement l'animal qu'elle dompte. Le retrait de ce dernier annihilerait son champ d'action. Cette collaboration obligatoire se retrouve d'ailleurs avec un autre des violeurs d'Athéna, le dieu forgeron Héphaïstos qui lui confectionne ses armes et lui donne le fameux mors qui permet de dompter le cheval. La guerre des sexes devient ainsi un bras de fer dangereux pour celle que rien ne semble déstabiliser. La guerre n'est pas, à la lumière de ces relations tendues, un territoire où certains gagnent et d'autres perdent. C'est un va-et-vient constant de prises de pouvoir et de négociations qui demande de réévaluer ses propres zones de précarité régulièrement.

Hors des mythes, les dieux exercent aussi un pouvoir sur le monde humain. Poséidon s'y place comme un persécuteur masculin qui, dans sa colère de mauvais perdant, entraîne les femmes d'Athènes à perdre le droit de vote et leur confisque le privilège de transmettre leur nom à leurs fils. Poséidon, à travers sa défaite sur le terrain face à sa nièce, réussit encore à nuire à la femme en lui prenant son nom, sa voix, son héritage. Toute victoire est en demi-teinte et lourde de conséquences. Les conflits d'Athéna ne sont pas des règlements de compte manichéens et absolus. Poséidon en est l'exemple phare.

Athéna contre Aphrodite : quand celles qui ne perdent jamais s'affrontent

Nous avons précédemment remarqué les troublantes similitudes entre ces deux déesses, chacune représentative d'un pouvoir autrefois uni en de mêmes divinités mésopotamiennes. L'amour et la guerre sage trouvent en Aphrodite et Athéna leur divorce bien que les deux forces divines soient nées de puissances similaires. Filles du Ciel et de la Mer et incessamment victorieuses – à quelques rares exceptions –, les deux sœurs ennemies se distinguent par la direction prise dans cette victoire et les motivations qui sont les leurs. Aphrodite attire les énergies à elle et revêt un visage conquérant. Athéna, quant à elle, est plus protectrice, retenue, affichant en tous instants cette armure qui contraste avec la nudité de la déesse de l'amour. C'est la nature érotique de l'une et frigide de l'autre qui oppose radicalement leurs essences. Aphrodite cherche continuellement l'union sexuelle avec le masculin. Athéna, elle, porte ces polarités en elle et ne cherche absolument rien au-dehors. Ses unions sont intellectuelles, idéalistes, notions manquant cruellement de sensualité aux yeux de la ravageuse divinité vénusienne.

Aphrodite tient son pouvoir pour acquis. Elle a la mainmise sur tous les mortels et immortels à quelques piquantes exceptions qui l'inquiètent, car elle tient à conserver son hégémonie. Athéna et sa sœur Artémis se cachent dans les angles morts du champ de tir d'Aphrodite, refuge des vierges qui lui sont immunes. En effet, les vierges guerrières et sauvages échappent à son contrôle. Elle se reporte alors naturellement sur Koré, fille aînée de Zeus, en demandant à son fidèle Éros de frapper Hadès de ses flèches à la vue de la jeune déesse fertile. En effet, il est hors de question pour elle de perdre de vue le royaume souterrain, en plus de laisser échapper toutes ces déesses célibataires à la surface. Aphrodite refuse de laisser Hadès seul et en paix. Elle veut régner, au-dessus du partage des trois royaumes, en divinité toute-puissante de la totalité des cœurs et des corps. Son désir de conquête, quasi guerrier, est digne du plus grand des envahisseurs. Même le plus mystérieux et impénétrable des cœurs doit lui être soumis. Cela la place en adversaire de choix pour Athéna, la guerre n'ayant jamais vraiment déserté l'essence de la déesse de l'amour. Et pourtant, non seulement Athéna lui échappe par son indéfectible célibat et son asexualité, mais elle finit également par vaincre dans leurs conflits en dépit des réussites parfois éclatantes d'Aphrodite. Athéna permet également aux héros de se défaire des filets d'Aphrodite à certaines occasions, telle une saboteuse d'élite. Ainsi, c'est elle qui conseille à Thésée d'abandonner Ariane, éprise de lui, enflammée par une passion née de la main d'Aphrodite. Athéna sait que le dieu Dionysos convoite Ariane et que Thésée devrait écouter la raison de l'esprit plutôt que celle du cœur dans un duel déséquilibré face à un tel concurrent.

Même si Aphrodite remporte une bataille en s'assurant la faveur du prince troyen Pâris dans l'épisode de la pomme de la discorde, c'est Athéna qui ressort gagnante de la guerre, les Grecs finissant vainqueurs du conflit troyen. Cet épisode bien connu fait intervenir plusieurs protagonistes intéressants dans un contexte qui n'est pas laissé au hasard. C'est lors d'un mariage, celui de Pélée et Thétis, qu'a lieu la division formelle. L'union amoureuse concrétisée ici est un territoire qui divise intrinsèquement les deux déesses, cependant, le fruit de cette union, le héros Achille, est placé sous la protection d'Athéna. Il serait par conséquent trop facile de juger la guerrière déplacée dans un tel contexte, sa toile invisible étant, au contraire, très solide.

Éris, déesse de la discorde, parfois considérée comme la sœur d'Arès, vexée de ne pas avoir été invitée aux festivités, telle Maléfique boudée dans le conte de *La Belle au bois dormant*, lance une pomme d'or destinée à « la plus belle » entre Athéna, Aphrodite et Héra, laissant les trois vaniteuses se chamailler en règle. Ce cadeau empoisonné met merveilleusement en relief les rôles tenus par chaque protagoniste. Athéna et Aphrodite sont opposées lors d'un mariage, conjointement à Héra la déesse du... mariage ! Ceci n'est pas anodin. Zeus est prié de trancher entre les trois adversaires, mais, fidèle à son flegme capable de faire pâlir le plus placide des hommes, il se dégage de cette responsabilité risquée et désigne l'inconscient mortel nommé Pâris pour mener cette tâche d'arbitrage à bien. Chaque déesse promet un cadeau au jeune homme : la main de la plus belle femme du monde par Aphrodite, la victoire guerrière par Athéna et la souveraineté sur tous les hommes par Héra. Pâris, romantique dans l'âme, favorise Aphrodite, et c'est Hélène, déjà mariée au roi grec Ménélas, qui lui est servie sur un plateau, déclenchant la guerre de Troie, conflit gigantesque dont Athéna sortira victorieuse en offrant son patronage aux Grecs qu'Héra choisira également de bénir. On occulte effectivement trop souvent le fait que la véritable victoire de l'épisode conflictuel revient à Athéna et à Héra même si le choix du prince ne se porte pas sur elles. La victoire, Niké, est dans la main d'Athéna, non pas dans celle d'Aphrodite. Le choix de Pâris met les spécialités des trois déesses sur la sellette et Pâris est bien mal avisé de se prononcer. Il croit choisir l'amour face à la guerre et au mariage. Il déclenche alors, par sa soif d'amour, une guerre à cause de la fureur d'un mari abandonné. Il sera assailli par ce qu'il a bafoué. L'amour n'est jamais offert seul. Un indice troublant sur l'aspect piégeux de ce choix est le fait qu'Athéna ait la charge du vaisseau qui amène Hélène à Troie alors qu'elle prend parti pour les Grecs. Athéna apporte la guerre à travers le cadeau d'Aphrodite et elle en a conscience. Dans ce choix alchimique, chaque déesse gagne à sa manière.

Bien fou celui qui croit avoir à choisir entre trois déesses dans un tel piège initiatique, la guerre de Troie pouvant être comprise comme un conflit intérieur universel, un moment de séparation alchimique entre trois principes qui, à défaut de retrouver une unité, installeront chaos et difficulté les uns à côté des autres. Cet aspect alchimique est confirmé avec force par le rôle d'Hermès, dieu de cette science mystique, qui est mandaté par Zeus pour apporter la pomme à Pâris et lui présenter ses trompeuses options. La nature même de la pomme de la discorde rappelle la transmutation des métaux, l'or étant l'aboutissement d'un tel procédé. L'or représente la matière dépolluée de toute impureté, purifiée, puis ensemencée de divinité et embrasée de réalisation. C'est la connaissance du divin exaltée dans le soi.

Il serait intéressant de prendre également en considération la provenance du fruit d'or. En effet, la célèbre pomme provient du jardin des Hespérides, lieu de naissance d'Athéna. Cette pomme lui est intrinsèquement réservée. C'est également bel et bien Athéna qui donne le coup de grâce aux protégés d'Aphrodite en inventant le cheval de Troie par l'intermédiaire d'Ulysse et en permettant aux Grecs de remporter l'assaut final. Un espion grec reste seul près du cheval, aux portes de la cité, afin de convaincre les Troyens qu'il s'agit d'une offrande à Athéna censée protéger Troie une fois entre ses murs. La déesse armée de mètis montre ici à quel point il est dangereux de la braver.

En réponse à la question « qui d'Aphrodite ou d'Athéna remporte le plus de victoires ? », il faut reconnaître qu'Athéna se démarque par une avance subtile. Aphrodite n'échappe pas à sa guerre tandis qu'Athéna se soustrait toujours à l'amour charnel, au couple et à la romance. La déesse sage entretient d'ailleurs ouvertement un mépris intense envers les œuvres d'Aphrodite, mépris certainement dû au fait qu'Athéna n'a reçu aucune éducation à l'amour, à la féminité ou à la douceur, étant donné son statut d'orpheline de mère. Cependant, je soutiens qu'Athéna connaît l'amour différemment, de façon chaste et dépassionnée, et qu'elle ne comprend pas cet acharnement d'Aphrodite à traduire ce sentiment dans son corps. Elle n'hésite pas, par ailleurs, à se moquer de la déesse de l'amour qui ne s'en sort pas toujours bien sur les champs de bataille, malgré son courage à y paraître afin de protéger ses héros favoris. Quand Diomède, protégé d'Athéna, blesse Aphrodite venue seconder son fils mortel, Énée, Zeus s'en amuse. Il favorisera toujours Athéna lorsque les deux déesses se querelleront. Fâché d'avoir à intervenir, campant toujours l'homme puissant cherchant à ne pas trop se mouiller, il ne parvient cependant pas à contenir sa fierté face aux coups portés par sa fille préférée.

Comme pour Arès, qui est l'amant emblématique de la déesse de l'amour, la rivalité entre Aphrodite et Athéna retranscrit une éternelle tension entre raison et déraison, passion et tête froide, sensualité et intellectualisation. On retrouve ici, cette fois-ci à l'image du lien étrange qui l'unit à Poséidon, une collaboration entre les deux forces ennemies, Athéna ne semblant finalement pas avoir de véritables opposants dans l'absolu. Athéna et Aphrodite sont bel et bien des forces complémentaires formant un tout que l'on retrouve chez les anciennes déesses mésopotamiennes. Ainsi, il n'est pas surprenant qu'Aphrodite puisse être considérée comme la seconde divinité de l'Acropole d'Athènes avec de nombreux sanctuaires lui étant dédiés dans les hauteurs et sur les flancs.

Un détail amusant me frappe personnellement quand je visite le statuaire gréco-romain de la collection permanente du Louvre, à Paris. La *Vénus de Milo* et *Pallas Athéna* se font face, telles deux adversaires encadrant l'espace de bout en bout dans la salle qui leur est réservée. Le glamour aphrodisiaque fait effet dès les premières secondes, attirant l'œil sur la déesse de l'amour, tandis que la vierge guerrière assagit, toisant l'espace et semblant appeler au calme. Les énergies en présence y sont très marquées et c'est dans cet entre-deux que se trouve certainement une très grande clé concernant la nature féminine divine.

Athéna contre Héphaïstos : l'impossible accouplement

Héphaïstos, le dieu forgeron ayant assisté Zeus lors de son accouchement d'Athéna, est le mari malheureux d'Aphrodite. Copieusement trompé et finalement abandonné par cette dernière, il reporte ses ardeurs sur celle qui fait régulièrement appel à lui pour lui forger des armes : Athéna. Fou de désir pour la déesse guerrière, il tente de s'accoupler avec elle, mais la déesse impénétrable ne lui rend pas la tâche facile. Il finit par éjaculer sur sa cuisse, suscitant un intense dégoût chez la déesse habituellement intouchable, qui s'essuie avec un carré de laine et, le laissant choir sur la terre, confie à Gaïa le soin de jouer les mères porteuses et de donner naissance à leur improbable enfant, Érichthonios, en partie serpent.

Si l'on devait accoupler Athéna avec un dieu, ce serait de toute évidence Héphaïstos, quand bien même l'opération ne se ferait pas sans mal. Cependant, ce couple singulier se retrouve jusque dans le culte du dieu forgeron qui possède un temple à Athènes nommé « Héphaïstéion » qu'il partage avec *Athéna Ergane*, la patronne des artisans. On croit ici encore observer des poupées russes où un niveau sur deux serait dédié à Héphaïstos et l'autre moitié à Athéna. S'il est exagéré de parler de couple, il est tout du moins possible d'évoquer un duo alchimique en ce qui concerne ces deux divinités liées au métal. Héphaïstos est attiré par Athéna et cette dernière le repousse, le combat, le rejette sans toutefois l'évincer de son culte. Se rejoue ici un nouvel épisode de la guerre des sexes, omniprésente chez Athéna. Héphaïstos est le masculin qu'elle ne peut accueillir en elle puisqu'elle le contient déjà. Il est condamné à rester au-dehors et à collaborer avec elle en l'armant et non pas, comme il le souhaitait, en l'aimant.

Athéna est, à sa manière, une déesse du métal. Héphaïstos forge et elle manie. Il le prépare et elle s'y coule tout entière, tantôt recouverte de bronze, d'or ou d'airain. L'autonomie d'Athéna n'est pas entière dans leur duo, tout comme c'était le cas avec Poséidon. La vierge a besoin du forgeron ou tout du moins, elle tient à faire appel à lui. Cependant, Athéna cultive l'indépendance de leurs savoir-faire, nous montrant qu'une collaboration n'implique pas forcément une fusion qui englue et des dettes relationnelles poussives.

L'impitoyable Athéna

Bien que versée dans la coopération et la préservation de la paix, Athéna se révèle être une déesse extraordinairement impitoyable. Comme de nombreux autres dieux, elle ne tolère pas l'hubris. Cependant, ses foudres résultant d'un tel affront sont singulièrement détonantes. Athéna ne pardonne pas et peut tout simplement vous abandonner, voire vous détruire, si vous la déshonorez. Déchoir de ses bonnes grâces est l'une des choses les plus redoutables qui soient. Elle est extrêmement généreuse et aidante envers ceux qu'elle décide de seconder, mais que cela ne vous leurre pas trop en ce qui concerne sa tolérance. Toute trahison ou tout affront de la part d'un mortel envers Athéna est sévèrement puni. Elle peut tout donner et peut tout aussi bien tout reprendre avec des intérêts impossibles à payer. C'est pourquoi il faut faire preuve de discernement face à sa générosité. Ainsi, une personne portant des traits caractéristiques d'Athéna fonctionnera de la même façon. Si sa générosité éveille votre indigne gourmandise ou que vous pensez pouvoir piller son essence, l'usurper ou la salir, rien ne pourra vous racheter. Rien. Athéna est la déesse de la sagesse et de la guerre. Cela signifie qu'elle vous pulvérisera et aura de bonnes raisons de le faire, même si cela échappe à votre niveau de compréhension. Elle a les moyens et la supériorité morale pour prodiguer les pires leçons qui soient. Ainsi, les punitions d'Athéna ne peuvent s'accompagner ni de pleurnicheries ni de cris d'injustice. Quand Athéna sévit, c'est toujours justifié, même si c'est incompris. L'outrage commis est immanquablement sérieux. Elle n'est pas vainement vindicative, mais elle est suprêmement impitoyable. On la surnomme grande de cœur, mais également inflexible de cœur. On ne revient pas en grâce après une trahison et la décevoir est très risqué.

*

* *

Arachné est l'une des mortelles ayant attiré les foudres d'Athéna et dont le mythe est souvent orienté pour rendre la fille de Zeus vainement jalouse et injuste à son égard alors qu'en tant que déesse de la sagesse, ce tempérament lui est en théorie totalement étranger. Arachné est un symbole de l'hubris dans ce qu'il a de plus dangereux, et sa punition est aussi une grâce de la déesse, bien que cette grâce soit assez amère.

Athéna se déguise en vieille femme pour venir admirer le travail de la jeune tisseuse. Fileuse de talent, car ancienne élève de la déesse, Arachné se vante d'être encore plus douée qu'Athéna elle-même et va jusqu'à nier avoir été son apprentie. C'est son ingratitude, le déni égotique duquel elle s'attife et l'imposture qu'elle dissimule qui la condamnent d'entrée de jeu. Arachné veut se hisser au niveau d'une déesse dont elle a usurpé le talent et renié les faveurs. Bien qu'étant extrêmement douée, elle n'aurait pas acquis la maîtrise de son art sans le concours d'Athéna. Sans sa professeure, elle serait restée un diamant brut, un potentiel inachevé et mal outillé. Elle part donc avec un mauvais point en crachant sur cet héritage de savoir-faire inestimable. Arachné est comme toutes les personnes qui s'inspirent de modèles plus expérimentés et légitimes, qui apprennent d'eux et les copient par la suite en faisant croire qu'ils se sont faits seuls ou en exigeant de pouvoir continuer à piller leurs prédécesseurs sans vergogne, comme s'il s'agissait d'un honneur qu'ils rendaient et non d'un infâme vampirisme. Arachné est une tentative de coupure de lignée, de cisaillement de fil de passation. Elle commet un sacrilège très grave, celui de la rupture avec la divine inspiration et le divin enseignement. Elle renie le temps, l'énergie, l'investissement et l'amour prodigués par celle sans qui elle ne pourrait pas tant se vanter. Il ne s'agit donc pas, d'emblée, d'une tentative d'étouffement du talent de l'élève, Athéna étant une déesse émancipatrice et généreuse, mais bel et bien d'un reniement indigne commis par Arachné des dons de la déesse. L'égo tyrannique d'Arachné, la poussant à se hisser à une place qu'elle n'a pas naturellement, surévaluant son talent naturel, déformera la lecture des événements. Dans la réalité des égos fragiles et courroucés, Arachné est une pauvre victime dont le mentor tyrannique bride le potentiel et ne supporte aucune concurrence, lecture délirante et fantasmée permettant à ces égos, blessés bien en amont des événements, de demeurer adoubés de la pitié générale et de ne jamais se plonger au centre de ce qui les a façonnés et poussés à se comporter comme d'éternels petits enfants écorchés et sournois. La position de force de la déesse est utilisée contre elle dans une lecture du mythe hâtive où elle passe pour une affreuse condamnatrice. Si elle riposte contre l'affront, elle est jugée trop sévère, les armes n'étant pas égales, une immortelle faisant face à une simple humaine. Cela nous ramène à des préoccupations très modernes où les personnes en position de faiblesse peuvent avoir un pouvoir de frappe redoutable en s'armant d'une vérité déguisée ou déformée afin de condamner aux yeux du public une personnalité bénéficiant d'un statut supérieur. C'est le côté obscur de la *Cancel Culture* moderne faisant notamment rage grâce aux réseaux sociaux. Après tout, Arachné finit dans une toile et le parallèle avec Internet permet une survivance initiatique intéressante.

Face à la flagornerie de son élève, Athéna révèle sa vraie nature et met au défi l'imprudente. Elles tissent toutes deux une toile de leur choix. Athéna met en scène les dieux entourés de l'orgueil humain tandis qu'Arachné tisse une toile techniquement impeccable, mais dépeignant un tabou insoutenable pour la déesse vierge : les frasques amoureuses de son père et la bassesse des dieux. Athéna se fâche, frappe la jeune femme et déchire son œuvre. Se sentant humiliée, Arachné fuit pour se pendre. Athéna retrouve son ancienne protégée et, prenant pitié d'elle, la ressuscite, la changeant en araignée afin qu'Arachné puisse continuer à tisser éternellement.

Arachné commet plusieurs erreurs en plus d'être orgueilleuse et ingrate. Rappelée subtilement à l'ordre par la déesse, au lieu de se remettre en question, elle persiste dans son sacrilège et s'entête à croire qu'elle est effectivement engagée dans un concours de celle qui urine le plus loin avec Athéna. Grave erreur. Arachné ne comprend pas sa place et comprend donc encore moins ses fautes. Athéna tente de lui signifier son affront par des procédés initiatiques doux. Arachné est tellement embourbée dans sa démonstration de force qu'elle continue de croire qu'elle peut dépasser une divinité. Elle n'hésite pas à porter un coup bas à celle qu'elle devrait respecter. Elle affiche à la face du monde les aspects les plus laids, ombrageux, indécents et non intégrés de la lignée de celle à qui elle doit tant. Athéna, au lieu de punir d'emblée l'orgueilleuse, lui laisse une chance de rectifier sa posture. Arachné, résolument déconnectée du fil qui la reliait à la déesse, entame encore davantage ce lien en frappant là où cela fera le plus mal face à l'irréprochable vierge guerrière : les fautes du père, ce fil tendre et partiellement souffrant de la déesse. Athéna met en pièces l'affront, le vice, la volonté sournoise de signifier à une divinité, par en dessous, qu'elle appartient à une race faillible et qu'il faudrait, par une suggestion empreinte de lâcheté, comprendre qu'Athéna ne vaut pas grand-chose. Arachné est l'attaque injustifiée dans les angles morts afin de mettre à terre une force qu'elle tente d'escalader en vain, une ancienne enseignante et inspiration qu'elle s'évertue à transformer en marchepied vers la gloire, un modèle qu'elle salit quand il la rappelle à l'ordre et lui impose des limites sur le viol des frontières, la transgression et les déséquilibres de l'égo. C'est son égo, se dégonflant comme un ballon crevé d'un coup sec par l'intervention musclée de la déesse, qui pousse Arachné à se pendre. Elle se déclare alors incapable de rédemption. Elle démissionne et refuse l'intégration des leçons alchimiques. Arachné n'envisage qu'une voie : la gloire lui permettant la substitution de sa place à celle d'une divinité. Si cette rampe d'accès à grande vitesse, qu'elle fantasme, lui est coupée, elle s'effondre, est réduite à néant au lieu de rectifier sa trajectoire égotique tordue. Elle place Athéna, sur qui elle a déjà craché sans le reconnaître, dans le rôle éternel de celle qui lui nuit indirectement. Celle qui la pousse au suicide. Elle se fait mal pour atteindre la déesse. L'ultime tentative de désacraliser celle qu'elle n'a pas su incarner se fait par l'autodestruction, à défaut d'avoir su détruire l'objet de sa propre jalousie. La jalousie d'Arachné ne sera alors jamais vraiment envisagée ou reconnue par l'œil du public qui la transposera sur Athéna. Arachné ne comprend pas ce que signifie incarner sa divinité, grand thème initiatique et alchimique, et croit devoir annuler celle des autres pour y parvenir.

Le choix de la punition n'est pas anodin. Athéna force Arachné à comprendre l'essence du tissage, du fil, de la toile. Arachné est transformée et obtient une seconde chance pour réaliser ce que signifie l'art dont elle maîtrisait la forme de son vivant sans en incarner le fond. Condamnée à vivre au sein même de la toile, reliée à son fil, elle ne peut que comprendre l'importance des fils et la gravité de l'action de les trancher tant qu'elle ne repose pas confortablement et en sécurité sur un socle stable. Le fil est partie intégrante de toute une toile qui sert de refuge. Chaque fil compte. Le fil devient un lieu complexe, une marque de son passage. Ce qu'Arachné ramenait inconsciemment à une guerre d'égos lui est présenté une nouvelle fois de façon métaphorique afin qu'elle en fasse l'expérience sur le fond comme la forme. Athéna ne punit pas Arachné par jalousie. Elle lui offre une ultime chance de transmuter ses propres failles égotiques sur fond de toile alchimique. Il n'est question de compétition, de jalousie et de mauvaise perdante que dans la perception victimaire d'une intelligence arachnéenne non initiée à la sagesse d'Athéna. Cet épisode mythologique parle évidemment d'humilité, mais il pousse à intégrer les leçons de la toile dont Athéna est maîtresse.

*

* *

Murmix, encore plus déterminée qu'Arachné dans son œuvre sacrilège, est aussi beaucoup moins connue du grand public. Cette jeune femme anciennement tenue en estime par Athéna pour sa virginité et son habileté finit par la trahir en volant le manche de l'araire permettant les récoltes. Bien entendu, cette invention revient à Athéna, qui, furieuse, transforme la voleuse en fourmi. Condamnée à quémander aux humains du grain pour sa subsistance, Murmix reçoit une leçon d'humilité, de décence, de travail et de patience. À travers ce vol, c'est une grave usurpation qui est commise, car Murmix fait croire à ses semblables qu'elle est l'inventrice de l'instrument permettant de bénéficier des richesses de la terre, les cadeaux de la grande déesse des récoltes Déméter.

Qu'il s'agisse d'Arachné ou de Murmix, la générosité, la confiance et l'investissement d'Athéna sont trahis par d'anciennes protégées. Athéna apprécie particulièrement la virginité chez elles et cela se révèle un leurre, car cette qualité a priori synonyme d'indépendance, de pureté et de droiture aux yeux de la déesse ne se traduit que rarement en incorruptibilité dans le monde humain et les espoirs d'Athéna s'avèrent déçus. Elle a la fâcheuse habitude de se prendre d'amitié pour ses futures usurpatrices, avec une confiance qui la pousse à montrer par la suite ses aspects punitifs afin de rectifier une trajectoire déviante.

Athéna est trop souvent jugée jalouse. Le sentiment qui la pousse à punir est davantage motivé par la déception et l'outrage, la sensation d'avoir été violée et pillée alors qu'elle offre déjà tant. Certes, elle se montre impitoyable une fois la ligne rouge de ses valeurs franchie, mais elle ne punit jamais sous l'effet de la comparaison. Elle ne se compare pas aux mortels et ne conçoit pas la collaboration avec eux comme une compétition. Cette déformation est purement humaine. Athéna est sage et droite. Elle condamne l'usurpation et le vampirisme identitaire qui se font passer pour du génie et de l'inspiration éhontés. Elle punit d'ailleurs la jalousie très sévèrement, car elle l'a en horreur, et cela fait partie intégrante de son arsenal de vierge. Son rejet du couple l'immunise contre les jeux d'appartenance poisseux. Même vis-à-vis de ses parents, premier terreau de jalousie, elle n'eut pas à choisir entre père et mère. Un épisode mythologique la place dans une position punitive face à sa prêtresse Aglauros, qui jalouse sa sœur Hersé au motif qu'elle a attiré l'attention de Zeus. Athéna sanctionne sans doute l'envie d'Aglauros elle-même, aggravée par une convoitise vis-à-vis de son père, homme intouchable à ses yeux, peut-être pas par jalousie et possessivité filiale, mais par aliénation vis-à-vis de la sexualité débridée de ce père volage.

La générosité et l'aspect parfois très abordable d'Athéna envers l'humanité peuvent laisser à penser qu'il est aisé d'abuser de ses dons. Les punitions qui s'ensuivent, spectaculaires de surcroît, choquent d'autant plus. Athéna la libératrice peut refermer sur autrui la plus sévère des prisons en modifiant l'enveloppe et la nature même de l'être sacrilège. Il serait possible d'en déduire que l'usurpation et l'hubris enferment et condamnent et qu'Athéna accepte, dans le processus initiatique qu'elle oriente, d'être celle que l'on taxe de « vindicative ». Ce schéma n'est pas que mythologique. Combien de fois les hommes s'avèrent-ils plus sévères envers la cible violée dans son corps, son identité, ses valeurs si elle a l'audace de faire remarquer l'affront qui lui est fait tandis que l'auteur des faits se victimise, rend sa démarche légitime et prend à partie la foule pour ostraciser la personne lésée ? Athéna est un symbole vibrant de la difficulté à se tenir à ses valeurs. Sa virginité est paradoxalement un aimant effroyable au viol répété de ses idéaux. Ainsi, Athéna passe d'un extrême à l'autre. Elle s'érige en bouclier infranchissable et effrayant contre le vampirisme identitaire alors qu'elle y est poreuse de prime abord dans sa volonté de laisser une chance à l'individu de développer sa propre divinité sans le raccourci sacrilège qu'il finit parfois par emprunter.

*

* *

Athéna se montre particulièrement féroce à travers le prisme guerrier de cette intransigeance. Pendant la guerre de Troie, elle prouve que trahir sa confiance est un acte définitif et lourd de conséquences. Elle se détourne résolument de la ville anciennement sous sa protection, une fois le choix de Pâris effectué. Il choisit de remettre la pomme d'or à Aphrodite, et Athéna ne le pardonnera pas. Elle restera aveugle et sourde aux supplications des Troyens assaillis. Ses grâces sont alors définitivement perdues. Son inflexibilité de cœur est à double tranchant. Ainsi, elle impose le respect, et ce respect implique une haute fidélité et une pureté à l'égard de ce qu'elle représente. Le respect doit être constant et ferme dans le cœur humain pour ne pas faire basculer la déesse du côté impitoyable.

Le cheval de Troie qu'elle invente et suggère à son fidèle Ulysse est une ruse particulièrement fourbe pour une déesse considérée par les habitants comme la fille troyenne de Zeus, protectrice de la cité. L'invasion et la mise à sac qui s'en suivent sont d'autant plus marquantes que les troupes grecques ont déjà tenté de pénétrer dans cette cité bien protégée pendant dix années, sans succès. Troie n'est cependant pas seule à perdre la faveur d'Athéna. Le manque d'honneur des Grecs lors de leur intrusion dans la cité troyenne est un motif d'abandon pour la déesse intransigeante. Elle ne gardera ses amitiés que pour Ulysse qu'elle laissera expier les fautes de son peuple un certain temps avant de le rejoindre enfin et de le mener chez lui. Athéna peut donc vous adouber de sa confiance et vous la reprendre ensuite. Cela ne sera jamais arbitraire. Tout se mérite, se soupèse et se juge avec précision et exactitude face à la déesse aux yeux perçants. Sa sagesse et son aide s'apprécient avec un respect solennel. Bien sot celui qui ne comprend pas la valeur du soutien d'Athéna et les engagements moraux qu'un tel soutien implique. Si la déesse s'estime trompée, salie, trahie et est jugée, à tort, suffisamment gentille pour pardonner un manquement, une malice ou une faiblesse vile, il y a de fortes chances pour qu'elle orchestre une mise à mal, dans le meilleur des cas, et une mise à mort dans le pire. Sa capacité à détruire de façon méthodique, violente et foudroyante confère à sa protection une valeur extrême.

Athéna est un soutien infaillible envers ses amis fidèles et une force de destruction assurée contre ses ennemis. Cette notion de fidélité est intéressante pour une déesse vierge, car elle l'applique religieusement et l'exige au même titre qu'une déesse comme Héra l'attend dans le cadre du mariage, sans succès aucun face à Zeus. La seule fidélité possible pour Athéna reste donc la sienne et comme elle place la barre très haut pour elle, elle fait de même à l'égard de ses protégés.

Athéna peut devenir vicieuse et tendre des pièges quand elle se positionne en destructrice. Elle peut traquer et tuer de manière glaçante. Ses inimitiés ne se décident cependant pas à la légère. Une condamnation de sa part est lourde, mais parfaitement soupesée au préalable. Une fois qu'Athéna vous a dans le collimateur, vous êtes mort.

Sa façon de piéger le prince troyen Hector face à Achille lors de leur affrontement fatal est particulièrement dure. Elle n'hésite pas à se déguiser et proposer à Hector de lui prêter main-forte alors qu'il est épuisé, sous les traits de son frère Déiphobos. C'est cet espoir vide qui perd Hector, car il finit par abandonner au moment où il se croit épaulé. Il délègue une partie non négligeable de ses forces déjà considérablement diminuées à un leurre et signe sa chute. Athéna nous fait ici comprendre que la puissance du soi ne doit pas être entièrement abandonnée au lien. Bien qu'étant une déesse collaborative, elle reste vierge, et une vierge ne se marie pas, avec toute la symbolique que cela appelle en tout temps et en tous lieux, même sur le champ de bataille. Un plus un ne font jamais un avec elle, car elle porte en son sein une puissance déjà complète, androgyne. Même épuisé, un initié d'Athéna ne s'abandonne jamais. Même conseillé et aidé, il ne se permet pas de s'amputer de ses forces par tentation de se déposer sur un pilier extérieur. Athéna apprend à être son propre pilier. À rester debout quoi qu'il en coûte. L'aide fournie par un allié dans l'effort a trop souvent cet effet funeste de pousser l'humain à ne plus compter sur lui-même. La collaboration d'Athéna ne doit jamais être affaiblissement, amputation ou renoncement. Ce sont des pleins qui s'ajoutent et dansent à leur propre manière vers une victoire certaine.

*

* *

Ajax, anciennement bien-aimé d'Athéna et pouvant se vanter d'être même l'un de ses préférés, essuiera durement le revers fatal de déchoir de ses grâces. Le héros grec ne supporte pas le fait de ne pas être choisi pour récupérer les armes d'Achille qu'il dispute à Ulysse face à Agamemnon, leur arbitre. Athéna influence ce choix et favorise la finesse d'Ulysse à la bravoure d'Ajax. Ce dernier ne peut concevoir ce jugement. Pris d'hubris, il va jusqu'à clamer ne pas avoir besoin de l'aide de la déesse guerrière, se croyant suffisamment fort au combat. Elle le rend fou et le pousse à massacrer des animaux qu'il prend pour des guerriers ennemis. Sortant de sa crise de démence, il se suicide de honte. La punition d'Athéna est particulièrement glaçante, car elle prouve que la vierge guerrière peut pousser l'aliénation à son paroxysme. Les tables peuvent se retourner du tout au tout et sa protection se défaire. Cependant, le retrait de la protection ne suffit pas. L'aliénation à Athéna est aussi une aliénation à soi-même, à ses valeurs, à son sens de l'honneur. Elle peut pousser au dégoût de soi. Ce que l'on inflige à ses valeurs inflexibles, à son grand cœur directement relié à son esprit, on se l'inflige à soi et elle veillera à ce que l'on expérimente, dans toute leur horreur, la faiblesse et la démesure. Se surestimer et la sous-estimer en la mettant de côté est bien différent de ne pas oser la déranger en lui réclamant de l'aide. Ainsi, c'est bel et bien l'hubris qu'elle punit, car elle offre son aide de façon répétée et généreuse, elle qui lit les cœurs, ne comptant pas ses grâces quand elles sont dûment considérées et accueillies. La règle est toujours la même. On gagne avec elle et on perd en lui tournant le dos. Athéna ne peut qu'être à nos côtés pour que nous ne soyons pas inquiets du dénouement de la bataille. Ajax manque le dernier virage de son initiation aux côtés d'Athéna et faillit à ce test d'égo qui lui confisque le succès dans sa lutte plus symbolique, sa guerre personnelle intérieure. Car c'est là la véritable guerre qu'Athéna nous aide à gagner, le conflit interne, l'opposition douloureuse qui nous pousse à tout remettre en question pour nous aligner et vivre dans une réalité aux idéaux cohérents avec nos actions.

On apprend également un autre retournement fatal de bénédiction d'Athéna à travers un récit relaté par Diomède, héros de la guerre de Troie, dont le père, Tydée, fut lui-même hautement tenu en estime par la déesse guerrière, qui alla jusqu'à le changer en immortel alors qu'il agonisait sur le champ de bataille lors de la guerre des Sept Chefs. Malheureusement pour Tydée, il offensa Athéna en se livrant à un acte barbare et indigne du don de la déesse : manger le cerveau d'un ennemi. Elle le punit aussitôt et reprit l'immortalité conférée, condamnant immédiatement l'inconscient. Athéna peut donc punir, reprendre, révoquer. Il n'est jamais trop tard pour rattraper un don mal investi. On comprend ainsi qu'une grâce accordée n'est pas un laissez-passer à tout et n'importe quoi. L'honneur est un engagement sans cesse réévalué par les yeux de la déesse guerrière. On le constate avec Ajax et Tydée. Athéna peut tout offrir et tout reprendre. On ne se moque d'elle qu'à ses risques et périls et il convient de faire attention à ne pas manquer au code d'honneur que l'on se fixe à soi-même, car elle nous rappellera durement à l'ordre.

*

* *

Le pardon est un thème que j'ai longuement étudié aux côtés d'Athéna et qui a fait particulièrement ressortir son aspect impitoyable. L'injonction populaire de pardonner est un impératif qui peut être particulièrement lourd pour nombre de personnes ayant souffert aux mains d'interlocuteurs qui ne se considèrent même pas comme coupables. Le développement personnel, les religions, les spiritualités modernes... Tous vous conseilleront de pardonner, car le pardon est censé libérer. Athéna m'a enseigné une nuance tout autre. Le pardon s'accorde. Comme tout don qui s'accorde, il convient de ne pas le dispenser bêtement à n'importe qui. Accorder son pardon à qui ne le mérite pas, le réclame faussement ou ne le demande même pas, est un message envoyé à l'univers concernant le viol de nos limites. Pardonner l'impardonnable, c'est repousser les frontières de notre zone infranchissable, donner un accord à ce que l'on peut nous faire. Pourquoi accorder à ceux qui ne le méritent pas et qui nous ont déjà tant pris cette énergie de grande importance ? Ce que de nombreuses personnes bien intentionnées entendent par cette prétendue nécessité du pardon, c'est la libération vis-à-vis de l'événement conflictuel ou traumatique. Oui, vous devez vous libérer. Non, vous ne devez pas à tout prix pardonner et donc dédouaner l'autre. Quand Athéna pulvérise les irrespectueux, elle fait un exemple. Elle montre la limite qu'elle ne tolère, en aucun cas, que l'on franchisse avec elle. Elle s'entretient, au-delà du conflit en cours, avec le cosmos tout entier. Elle toise toute énergie qui aura le courage d'interagir avec elle après cela. Elle annonce une couleur inaltérable, celle qui ne pardonne pas. Cela révoque toutes les autorisations que se donnent à eux-mêmes les gens déviants. Athéna refuse de torcher le derrière de ces gens et accorde à son pardon une importance formidable tout comme elle rappelle l'aspect nécessaire du conflit quand il sert à protéger ses idéaux. Athéna nous rappelle que nous ne devons rien à qui nous a causé du tort, manqué de respect ou déformé notre posture. Vous n'avez pas à être impeccable avec ceux qui ne l'ont pas été avec vous. La droiture portée par Athéna, en revanche, pousse à être impeccable envers soi-même et envers l'idéal que l'on poursuit, synonyme de cette flamboyante virginité guerrière qui est la sienne. Athéna est une professeure inestimable de placement de limites afin de s'offrir, à soi, l'opportunité de briser les cycles maudits, se libérer des récidives, s'affranchir des « insauvables » et couper notre robinet de bienfaits aux assoiffés. Athéna nous apprend, non pas à pardonner, mais à savoir dire « plus jamais ». Cette limite, elle n'encourage pas à la poser uniquement à nos agresseurs, qui, souvent, ne veulent rien y comprendre et ne cherchent qu'à faire l'économie des bâtons que notre ressentiment leur met dans les roues, mais sur un plan plus large. Elle nous appelle à l'intransigeance vis-à-vis de nos limites, dans tout contexte possible. Avez-vous déjà pris le temps de poser vos limites dans l'absolu au lieu de vous épuiser en gestion au cas par cas et en temps de crise, frappés de sidération face à l'inacceptable qu'il faudrait encore pardonner pour ne pas froisser l'ordre établi qui ne tolère que les bonnes victimes ? Athéna nous apprend à ne pas demeurer victimes dans nos fondements. Cependant, elle aide à accepter les moments où la vie nous place en victime de quelqu'un ou de quelque chose. Elle montre ensuite comment ne pas rester dans ce moment et ne pas le laisser nous redéfinir. L'intransigeance d'Athéna est un arsenal qui se construit au long cours. Elle peut sembler sévère ainsi que poussivement véhémente et guerrière et pourtant, elle est peut-être porteuse du plus grand levier de paix que vous pourrez mettre en place pour vous-même et les autres. Quand on sait que l'on ne revient pas de certains agissements, soit on s'éloigne, à la recherche de quelqu'un qui acceptera notre bassesse, soit on se maîtrise. L'intransigeance est respect et noblesse. Elle ne prône pas la vengeance qui enferme dans un cycle de conflits, mais la revanche qui rétablit la souveraineté individuelle et sert le collectif. Ne plus pardonner vainement permet de pardonner enfin avec sagesse et de prendre une revanche juste et utile sur les souffrances imposées.

Tout comme le pardon n'est pas un don automatique, le dialogue et la franchise, qui souvent l'accompagnent, sont des cadeaux que l'on ne doit qu'aux justes. Le pardon, tout comme le dialogue et la franchise se gagnent, se méritent. Le dialogue n'est pas possible avec tous. Pourtant, dans une situation conflictuelle, une situation de guerre, il est souvent recommandé de dialoguer, de négocier, comme si les mots pouvaient tout désamorcer, avec tout le monde et dans tout contexte. La vérité qu'Athéna m'a étalée sur le cœur est que certaines personnes ne savent pas dialoguer, mais exigent le dialogue de votre part pour mieux pouvoir vous piéger dans une posture conciliante, et ce, à leur avantage. Le dialogue, avec certaines personnes retorses et artificieuses, peut être dangereux. La franchise que vous accorderez en huis clos peut être instrumentalisée. Athéna peut apprendre à n'opposer que le néant comme bouclier, quand l'échange est impossible, aussi et surtout quand il est exigé à cor et à cri par des êtres dissonants et vicieux. Il existe des situations tellement toxiques que seuls le retrait et le silence sauront assainir les choses pour vous. Athéna m'a montré que la franchise nue qu'elle prône ne peut être accordée qu'à ceux qui ne chercheront pas à la tordre afin de vous obliger à vous soumettre ou vous contraindre à un quelconque schéma. Les assoiffés de franchise et de dialogue sont souvent ceux qui ont besoin, à répétition, d'être pardonnés, excusés et sempiternellement regardés. Avides de la nudité que vous leur offrez sans cesse, de l'attention qu'ils ne méritent pas et des chances accordées à répétition pour récidiver, ces personnes peuvent demeurer murées dans leur vice en plaidant leur volonté de dialogue et leur appel à une transparence dont ils sont eux-mêmes incapables. Athéna encourage à anéantir ces schémas en ne nourrissant plus cette voracité déviante. Son regard clair déjoue les tentatives d'endormir votre vigilance et démasque les menteurs, y compris ceux qui se mentent à eux-mêmes. Son regard puissant est autant espéré que craint. Quand elle soustrait ce regard à quelqu'un qui l'espérait, la perte de cette attention valorisante est subie comme une mise à mort égotique. Athéna n'adoube pas de son regard et de son divin dialogue les déviants qui rejettent leur violence sur autrui tout en se faisant passer pour des agneaux, usant avec force de larmes de crocodile pour travestir votre droiture en absence de cœur. Athéna vous apprendra la différence entre les situations saines où vous pourrez apparaître dans toute votre nudité et les terrains minés où les boucliers devront être levés, peu importe à quel point l'ennemi martèlera sa frustration infantile de ne pas être accueilli dans un dialogue que, de toute façon, il compte salir et instrumentaliser afin de vous asservir.

Athéna et la collaboration

Au-delà de la guerre et du conflit, Athéna prouve dans toutes ses rivalités que son optique est davantage de trouver la paix, d'instaurer une entente et de rétablir un équilibre, une justesse. Elle est une déesse unifiante et rassemble plus qu'elle ne divise, chose qui peut paraître antinomique pour une déesse guerrière. Un exemple parfait de cette facette inclusive est la nature de son culte à l'Acropole d'Athènes qui se fait le reflet parfait de son état d'esprit. En effet, Athéna partage son culte avec d'autres divinités, même celles qui sont considérées comme des rivales. Ainsi, post-invasion perse, l'entrée de l'Acropole fait figurer Athéna au centre d'un groupe de divinités avec qui elle partage son territoire sacré, signe de collaboration et d'accueil ultime de sa part. Parmi elles, on retrouve bien évidemment Zeus, son père chéri, mais aussi Poséidon, son « ennemi » juré. Devons-nous en conclure qu'Athéna n'a pas véritablement d'ennemis ?

Athéna partage donc son territoire tout en se plaçant au centre. Elle est, en quelque sorte, le soleil d'Athènes et occupe la plus haute place d'un système religieux entier où les autres divinités, les héros et les citoyens ont leur part.

Divinité et humanité : Athéna et les porteurs de lumière

Athéna, bien qu'elle ne soit pas traditionnellement désignée par des épithètes de « porteuse de lumière », endosse bel et bien un rôle lié à la place de la lumière, comme vu précédemment dans son lien avec son père qui, lui, est lié à la temporalité et à la fulgurance de cette illumination. Ainsi, on ne trouve pas d'Athéna *Phosphoros* dans la littérature la concernant. Pourtant, elle est une déesse éclairante qui perce les ténèbres de son regard de chouette sage. L'énergie que l'on pourrait qualifier de « luciférienne » au sens premier, par syncrétisme avec le Lucifer romain (et non le diable chrétien), équivalent d'Éosphoros, le porteur de lumière grec, est présente autour d'Athéna. Cette lumière, c'est celle du divin qu'elle amène à l'humain par l'intermédiaire des héros. Il peut être nébuleux de définir avec exactitude ce que l'on entend par « héros », car cela peut varier selon les sources. En effet, Homère considérait qu'un héros était un personnage particulièrement fort et valeureux qui se démarquait par ses exploits. Hésiode, quant à lui, calquait sur le héros la définition du demi-dieu, fils d'une divinité et d'une personne mortelle. La réalité du héros se situe donc parfois à califourchon entre ces deux visions bien que j'aie une préférence pour la vision d'Homère, moins limitative et que le commun des mortels peut s'approprier.

Athéna fait donc, à travers son affection pour les héros, descendre la divinité dans les couches dimensionnelles inférieures, de l'Olympe jusqu'à la matière de la cité. L'élévation suprême est alors la descente, durement rappelée à Bellérophon. Cette flamme divine n'est explicitement allumée que sur la tête des héros, focalisant l'attention sur le siège idéal que la déesse choisit pour faire rayonner sa sagesse : la tête (dont elle est issue) du héros (demi-dieu ou humain d'exception). Cette lumière divine, diabolisée et détournée plus tard par les religions révélées, est descendante et « sombre », car incomprise et hermétique. Elle appelle à l'exploit, au dépassement de soi dans et pour le monde. Elle est aussi généreuse et offerte aux humains, induisant le fait que tout un chacun peut accéder à un parcours héroïque et donc toucher directement au divin. Cette disponibilité directe, bien que superficiellement cachée, du divin, est inacceptable pour les religions dogmatiques qui ne conçoivent l'accès à « Dieu » que par l'intermédiaire d'une élite choisie. Athéna, par la prévalence de son investissement auprès des héros et dans la civilisation humaine, fait voler en éclats tout embargo sur cette flamme divine diabolisée, car convoitée et faussement tenue à distance. Elle est une déesse qui défie le sectarisme et remet l'individu au centre de sa quête. Cette confiscation initiatique est bien évidemment plus prégnante dans l'Europe christianisée où, à notre époque, il faut énormément déconstruire nos perceptions, influencées par le contexte culturel dominant, quelle que soit notre orientation religieuse ou spirituelle personnelle.

Athéna permet l'accès à cette lumière et ouvre la voie à ceux qui aspirent à la porter aux autres. Ainsi, nous pouvons la percevoir, pour être tout à fait exact, comme une porteuse des porteurs de lumière. Celle qui se choisit des êtres-flambeaux. Une intermédiaire qui facilite la descente de l'illumination. De plus, avec elle, tout est clair, à commencer par son regard. Elle dénude toute fausseté de ses yeux puissants. Sa lucidité amène à l'action. Les compréhensions qu'elle embrase en nous peuvent nous rendre inarrêtables. Facilitatrice d'accès à cette flamme, elle aide à transpercer les obstacles jusqu'à la victoire, qui, de son point de vue, est exaltée dans l'héroïsme.

Qualifier Athéna de « déesse luciférienne » peut paraître un abus de langage, sur le fond comme la forme, mais, par essence, elle donne la place à ceux et celles qui prendront le relais de cette flamme et participeront à apporter l'essence divine sur terre. Athéna, déesse de plein droit, désigne des intermédiaires pourvoyeurs de sacré afin que nous connaissions le divin dans la matière, sans fuite ascensionnelle. Les héros pourraient ainsi nous apparaître comme des allégories, des « mains d'Athéna » pourvoyeuses de son feu secret. Alliée de Prométhée, le voleur de feu, autre porteur de flamme, elle est assurément une complice prométhéenne.

Déesse de proximité, elle montre, à travers cette flamboyante assistance, son aspect bienveillant, voire au service de l'humanité. Elle est une déesse puissante et souveraine parmi les humains et non pas poussivement au-dessus d'eux. Cet amour pour nous explique son implication dans ce rôle emblématique de protectrice et matrone des héros. Il serait presque logique de se demander si l'une des qualifications du héros ne serait pas d'avoir Athéna à ses côtés, comme condition obligatoire du succès de sa quête personnelle et collective. En effet, Athéna est la plus grande amie et sœur d'armes que le héros puisse acquérir.

C'est donc à travers le héros, réceptacle de combustible divin dans un corps quasi humain, qu'Athéna place ses espoirs. Le héros est souvent déjà enfant de divinité, mais pas encore adoubé d'immortalité. Il doit gagner son apothéose par l'accomplissement de la quête héroïque qu'Athéna soutiendra, pourvu que son protégé tienne fermement la route en ce qui concerne les valeurs de la déesse. En effet, même si ce protégé est fils ou fille de divinité, cela ne le dispense en aucun cas de la rectitude nécessaire à la descente du feu divin dans l'incarnation. L'apothéose n'est pas un privilège de fait, mais un sésame inestimable gagné de manière initiatique. Athéna aide à recréer cet alignement parfait entre le divin et nous, l'héroïsme étant le canal pourvoyeur de feu divinisant.

Explorer l'héroïsme permettra de caractériser la lumière portée par Athéna. Bien entendu, les personnages proposés ci-après ne constituent pas une liste exhaustive des héros et de leurs valeurs, mais ont davantage pour but d'identifier des aspects clés de l'énergie descendante qu'Athéna facilite.

Il convient aussi de rappeler que nous pouvons tous et toutes tendre vers cet héroïsme qui n'a rien à voir avec un absolu distant, cantonné à la fiction. Avec un œil initiatique, tout peut s'appliquer au quotidien humain. Ainsi, Athéna nous appelle à nous sentir concernés par cette quête et à ne pas nous en distancier par un sentiment d'inadéquation vis-à-vis du mythe. Ce dernier est à analyser, s'approprier, et réinterpréter à l'infini. Nous sommes tous potentiellement héroïques et la concrétisation de cet héroïsme n'a pas besoin d'être grandiloquente. Il suffit de comprendre quelle lumière nous portons en nous et de la faire briller.

Athéna et Ulysse : la lumière de Mentor

Athéna dispense une lumière de générosité intellectuelle hors norme à celui que l'on peut considérer comme son mortel préféré, Ulysse. À travers ce héros chéri, les préférences de la déesse sont perceptibles. Il serait même possible de considérer le roi d'Ithaque comme l'équivalent mortel masculin de la déesse, celui qu'elle choisit comme son élève privilégié, et c'est ainsi qu'elle le qualifie et le considère. Ce choix de la déesse le place en lumière comme digne récipiendaire des attentions et de la confiance d'Athéna. Il y a, par conséquent, énormément de sagesse à puiser en regardant Ulysse avec attention.

Ulysse, roi d'Ithaque et héros rusé de la guerre de Troie, est celui qui relaiera l'idée du fameux cheval inventé par Athéna pour privilégier les Grecs et les faire pénétrer dans la cité imprenable. Marié à Pénélope, qui l'attend fidèlement durant sa longue absence, il est, en plus du héros stratège, le mari nostalgique que l'idée de retrouver son foyer motive dans son pèlerinage personnel. Cela rattache aussi Ulysse au domaine de prédilection d'Héra, également protectrice des Grecs. Il est un époux et, même s'il s'égare en chemin, après la guerre, chez Calypso et Circé notamment, il gardera toujours cette direction absolue qu'est le retour à la maison, dont Pénélope est la figure de proue. Le lit d'Ulysse, normalement réservé à la tendresse conjugale, et donc théoriquement totalement sous la protection d'Héra, évoque étonnamment sa fidélité à celle que l'on pourrait considérer comme sa femme inavouée, sa déesse complice, celle qui, bien qu'elle ne lui offre pas de délices charnels, lui réserve une amitié intense. En effet, ce lit est en bois d'olivier encore enraciné à la terre pour en amplifier la solidité et renforcer le dévouement et l'appartenance aux idéaux d'Athéna qu'Ulysse porte en lui. À travers cet allié végétal, Ulysse révèle presque un fantasme caché, celui de faire Athéna sienne et de s'accoupler à elle autrement qu'intellectuellement. Athéna elle-même participe à cette ambiguïté quasi amoureuse en flattant Ulysse de sa main, alors qu'elle se montre à lui en femme grande et belle, lui offrant un sourire de retrouvailles après le périple du héros loin d'elle. Athéna, supposément sexuellement froide, ne l'est pas de cœur et cette chaleur tendre qu'elle porte à Ulysse est unique. Si Athéna avait dû, dans une réalité tout autre, se désigner un amoureux mortel, celui-ci aurait été Ulysse, de toute évidence.

Ulysse, de surcroît, ne s'intéresse pas à l'obtention habituellement très courue de l'immortalité. Cela en fait un héros particulièrement « humain », nous renseignant grandement sur ce qu'Athéna valorise. Ce roi aspire à une vie relativement simple, mais précieuse, celle qui permet de demeurer à sa juste place, la fameuse maison qu'il rejoint, où il sera entouré de personnes aimées, tout en s'adonnant à ce qui éveille son esprit. Les préférences de cœur et de tête de la déesse résident donc là.

Pourtant, Ulysse se perdra sur ce chemin du retour. Ce retour est hautement symbolique et il ne s'agit pas uniquement pour lui de retrouver sa femme et son foyer. Ulysse est en quête de lui-même, comme nous tous, et cette quête s'amplifie de difficultés initiatiques, précisément parce que le soi qu'il cherche est intrinsèquement rattaché au divin et à la flamme véritable qu'il porte en lui. Le fait de se perdre en chemin est presque souhaitable. Quand il fera escale chez Calypso et Circé, certes, il goûtera à des épreuves et voluptés inédites, mais il gardera cette nostalgie de son foyer et d'Athéna. La vierge guerrière semble l'avoir abandonné après la guerre. Les conditions indignes du sac de Troie ont rebuté la déesse à la droiture redoutable, mais ce n'est pas la seule raison de son silence. Athéna expérimente peut-être ce qu'elle ne connaît normalement pas quand Ulysse s'abandonne entre les bras d'une autre, en dehors de son mariage avec Pénélope : la jalousie. Une jalousie certes sourde et rentrée, mais une jalousie tout de même. Habituellement relativement immunisée contre ces affres émotionnelles, il est raisonnable d'imaginer qu'elle les expérimente quand son favori s'écarte de la route initiatique dont elle est l'ingénieure. Ainsi, Athéna ne punit aucunement Ulysse puisqu'elle intercède en sa faveur auprès des Olympiens afin de le faire délivrer des filets de Calypso. Zeus, influencé une fois de plus par sa fille, dépêchera Hermès pour convaincre la nymphe de relâcher son captif. Athéna, même silencieuse, n'abandonne jamais son favori. Dans le silence de la déesse et le temps qu'elle laisse couler entre notre perte et notre libération, sans doute se passe-t-il quelque chose de voulu et prévu, un déclic initiatique fort et profond, une volonté de porter cette fameuse flamme haut et clair. Athéna sait quand Ulysse est prêt à rentrer à la maison. Ainsi, tout comme elle l'accompagne sur le champ de bataille, elle laisse le héros comprendre la tessiture exacte que doit revêtir sa mélodie alchimique propre. Athéna n'est pas cantonnée à la bataille. C'est aussi une déesse de l'après-guerre. Elle ne nous laisse pas errer dans les limbes du stress post-traumatique. Elle nous raccompagne, nous remet sur le bon chemin quand notre intériorité y est de nouveau prête.

Ulysse, l'élève fidèle, aurait pu être l'homme digne de la femme qui se cache à l'intérieur de la déesse si elle n'avait pas été fidèle à sa virginité éternelle. En lieu et place de cela, Athéna incarne le mentor pour lui et invente totalement ce concept en apparaissant à Ulysse sous l'un de ses nombreux déguisements, mais ici, le plus significatif de tous dans cette relation, le personnage masculin nommé Mentor dont nous avons tiré aujourd'hui un nom commun. Athéna, tant attachée à l'esprit, trouvera en Mentor le costume idéal pour véhiculer le passage de torche qu'elle effectue avec Ulysse. On retrouve dans le concept du mentor l'essence même de la relation qu'Athéna entretient avec son protégé, mais aussi, sans doute, l'incarnation même de ce qu'elle peut être pour nous si nous l'écoutons comme nous écouterions notre conscience divinisée. Ainsi, Athéna sera le mentor des humains dignes de ses qualités et nous le savons à présent, les héros ont sa préférence. Le mentorat serait donc la sublimation de cette relation d'estime ultime entre la déesse et son protégé, le sésame qui remplace l'éros et adoube l'esprit. Athéna fécondera, à travers ce rôle, par la pensée et le conseil, tout en respectant les frontières entre les races, les dimensions. En ce sens, elle ne transgresse rien, à l'inverse de son père qui insémine les mortelles de façon répétée.

L'amitié d'Athéna pour Ulysse déborde sur la femme et la descendance de ce dernier. Athéna favorise leurs retrouvailles et leur porte secours. Quand Télémaque, le fils d'Ulysse et de Pénélope, cherche son père, Athéna l'aide à trouver le bon bateau et fait souffler pour lui un vent favorable.

La déesse protectrice ne préservera pas pour autant son favori de la mort puisque c'est Tirésias, le devin qu'elle avait frappé de cécité pour avoir eu le malheur de la découvrir nue, qui prophétise un trépas venant de la mer pour Ulysse. Effectivement, c'est le fils que le héros conçut avec

Circé qui, débarquant à Ithaque, tue Ulysse sans savoir à qui il porte son coup fatal. Athéna, même si elle n'arrête pas la tragédie, est présente et s'assure que la dépouille d'Ulysse trouve une digne sépulture auprès de Circé. Athéna est donc celle qui accompagne ses bien-aimés jusqu'à l'ultime seuil. Sa fidélité est particulièrement intéressante et touchante, malgré son apparente froideur. Et peut-être que si cette fidélité est aussi solide, c'est précisément parce qu'elle est dénuée de passion.

Athéna, Achille et Diomède : la flamme incarnée

Athéna est une grande protectrice pour le héros Achille, mais également pour son successeur de terrain, Diomède. Elle s'illustre quasiment en mère poule pour Achille et son père, Pélée, mettant à profit ses dons manuels en rabotant et polissant elle-même le bois de leurs armes, telle une maman dévouée armant sa marmaille chérie d'un sac à goûter bien rempli de mets faits maison afin de leur permettre de partir à la conquête du monde extérieur. Elle va jusqu'à prêter l'Égide à Achille, arme défensive héritée de son père, Zeus. Cela prouve la profondeur de l'engagement d'Athéna envers l'héroïsme. Elle ne s'en tient cependant pas à ce prêt surprenant. Elle confère à Achille des dons dignes de sa propre essence divine. Elle duplique, en quelque sorte, son propre pouvoir pour le retranscrire sur le champ de bataille. Connue pour son cri de guerre tonitruant, activateur de séismes et capable d'ébranler les cieux, Athéna permet à Achille de s'approprier ce pouvoir imposant la terreur. Elle triple l'écho du cri de guerre du héros. Ainsi, la voix, par la bénédiction d'Athéna, est un vecteur sacré qui initie de grands renversements. La voix est vouée à déstabiliser l'ennemi, à lui vociférer les prophéties de sa perte assurée. Mais le don divin le plus frappant de la déesse envers son protégé grec est bel et bien la flamme des héros qu'elle allume à même la tête d'Achille. Elle semble ainsi adouber le guerrier de caractéristiques faisant de lui un porteur de la nature essentielle d'Athéna. La tête, lieu d'accouchement de la divinité, se voit armée d'un feu terrifiant et implacable qui permet au demi-dieu d'accéder à un statut supérieur dans l'art de la guerre.

Cependant, Athéna ne porte pas le héros systématiquement en avant vers la mêlée. Elle sait à la fois l'embraser de feu guerrier et le forcer à se calmer par prudence et sagesse. Athéna est un parfait garde-fou qui prodigue les bons conseils et insuffle la bonne marche à suivre. Elle sait gérer le rythme, s'adapter au terrain, apporter une vue d'ensemble. Les pleins et les creux, la violence comme le retour au calme sont parfaitement calibrés. Le discernement d'Athéna est précieux dans cette gestion du rythme guerrier. Il peut amener à la victoire s'il est dûment écouté et revêtu. Entre flamme poussée au maximum de son intensité et retour à la mesure, Athéna incite à bien choisir ses combats, mais également à en orienter l'intensité tout en laissant, toujours, le libre arbitre nécessaire à l'initiation.

À l'image de la flamme allumée sur le front d'Achille, Athéna bénit également Diomède, son successeur symbolique. Diomède sera toujours porté par Athéna qui le tient en forte estime. Ainsi, Diomède se voit allumer la flamme héroïque sur le casque et le bouclier, pièces maîtresses de l'armure emblématique d'Athéna. La déesse aide même le jeune guerrier à blesser gravement Arès, puis Aphrodite, venue défendre son fils Énée, que Diomède aurait pu condamner à mort par la puissance de sa frappe endiablée. Le héros, porté avec fulgurance par la déesse aux yeux pers, poursuit ensuite Apollon, qui protégeait Énée, et va jusqu'à affoler le dieu à la lyre, qui, furieux et déstabilisé, doit lui rappeler qu'un mortel ne doit pas s'improviser chasseur de dieux de la sorte. Ainsi gourmandé, l'intrépide se laisse dissuader, mais l'escalade de sa hardiesse n'en reste pas moins savoureuse. En tandem avec Athéna, il parvient à laisser le dieu de la guerre lui-même sur le bas-côté du champ de bataille. Il pousse Aphrodite, l'amante de ce dernier, à ramper en pleurnichant devant Zeus qui lui rappelle que sa place n'est pas dans les combats. Enfin, il doit être persuadé pour abdiquer sa course conquérante, mais, sans l'autorité dissuasive, bien qu'ébranlée, d'Apollon, Diomède aurait pu continuer son joyeux carnage de dieux défenseurs de Troie, tout cela avec la bénédiction de Zeus. Ce feu allumé sur l'armure du héros est ce qui lui permet, sans doute, de transgresser les frontières entre les races sans trop d'inquiétude. Athéna l'aide à flouter les paliers entre les dimensions. Un mortel accède, grâce à elle, au droit de persécuter les dieux et de leur faire goûter à l'intranquillité dont ils sont habituellement seuls exécuteurs. Diomède parvient à cet exploit sans tomber dans l'hubris grâce à son alignement avec les valeurs d'Athéna. Quasiment tout est possible et permis une fois ce feu embrasé sur nos têtes. De plus, ce feu permet d'accéder à un autre don d'Athéna : sa vision. Ce feu floute les illusions portées par le voile entre les réalités, entre l'humain et le divin. Diomède, embrasé, voit qu'il peut attaquer les dieux. Il perçoit un autre niveau de réalité et peut agir en conséquence pour poursuivre la victoire. Athéna peut dispenser d'immenses pouvoirs, des secrets d'initiés incommensurables contre sa propre race, en faveur de mortels héroïques.

Athéna et Héraclès : la lumière éprouvée

Celui que l'on connaît à présent en tant qu'Héraclès est un héros particulièrement éprouvé. Il est effectivement très célèbre pour ses douze travaux qui marquent une thématique de rédemption centrale dans la mythologie grecque. Héraclès est né sous le nom d'Alcide. Ce n'est que plus tard qu'il est renommé Héraclès, qui, paradoxalement, signifie « gloire d'Héra », mystère théologique qui n'a jamais fait l'objet d'un consensus quant à sa logique intrinsèque. En effet, Héra n'a de cesse de persécuter Héraclès du berceau à l'âge adulte, étant donné qu'il est le fruit d'un adultère (un parmi tant d'autres !) commis par son mari Zeus à ses dépens. La relation d'inimitié entre Héraclès et Héra n'est cependant pas très claire.

Le premier épisode mythologique que l'on découvre concernant le héros à la force miraculeuse est celui de sa naissance. Fils de Zeus et d'Alcmène, une reine mortelle, il naît en même temps que son jumeau, Iphiclès qui, lui, est l'enfant légitime du roi Amphitryon avec qui leur mère est mariée. Apollodore avance que c'est le roi trompé qui teste les deux nourrissons en leur envoyant deux serpents dans le berceau afin de comprendre qui est son fils. Comme Héraclès est celui qui leur tord le cou, il révèle sa nature de fils de Zeus. Dans les autres versions du mythe, c'est Héra, la déesse trompée, qui lui envoie deux dragons et qui, à la vue de la bravoure de l'enfant et, suivant les prières d'Athéna, qui veille d'ores et déjà sur lui et l'a assisté dans ce premier combat épique, accepte de le nourrir de son lait afin de le faire accéder à l'immortalité. Toutefois, le petit Héraclès est un insupportable goulu qui tire trop fort sur le sein de la déesse momentanément radoucie. Héra finit donc par le repousser, laissant gicler le lait qui se propulse dans le ciel pour créer la Voie lactée. La fameuse gloire dont il est question dans le nom d'Héraclès est peut-être liée à la formation de cette galaxie grâce à son concours. Cependant, il n'est absolument pas possible de l'affirmer avec certitude.

Athéna se place dès les premières heures du héros à ses côtés comme une marraine bonne fée. Elle semble adopter le rôle d'une conscience supérieure appelant Héra à être raisonnable et à entrer dans la conciliation. La force de persuasion d'Athéna ressort fortement dans cet épisode marquant. Pacificatrice et pleine de bons conseils, elle accentue ici, encore une fois, le paradoxe qui est le sien : porter en elle l'essence guerrière tout en étant, de manière répétée, une force de paix et d'entente.

La déesse guerrière est une alliée de grande valeur tout le long du parcours initiatique d'Héraclès. La notion d'entraide qu'elle apporte marque un effet de contrepoids face aux épreuves du héros, épreuves dues à la persécution orchestrée par Héra, mais également à ses répercussions que sont les douze travaux emblématiques de son mythe. Héra est une déesse très rusée dont la colère est redoutable. En conséquence, Athéna campe une force de protection et d'intelligence nécessaire pour déjouer l'acharnement d'une opposante si dure.

Héraclès, quant à lui, est décrit comme un héros particulièrement rustique à la force colossale. À la différence d'Ulysse, qui se distingue par son esprit fin, Héraclès est un homme brutal et sans sophistication. Athéna lui apporte la finesse dont il manque, et leur duo est inspirant par la complémentarité qu'il met en lumière. Ainsi, Athéna ne vient pas en aide qu'aux héros qui lui ressemblent et qui adoptent des rôles de « mini-moi » satisfaisants. Elle s'intéresse à différents profils et prend sous son bouclier des individualités variées, mais portant toutes une étincelle commune que l'on pourrait identifier comme cette propension à manifester des qualités héroïques selon la définition homérique. On peut toutefois voir les similitudes entre la déesse et son protégé dans la Gigantomachie où tous deux s'illustrent en tueurs émérites de Géants. Héraclès, tout comme Athéna, joue un rôle clé dans la victoire des Olympiens. Zeus ne pouvait pas vaincre les fils de Gaïa sans le concours d'un mortel et c'est Héraclès qui occupa le rôle de défenseur des dieux face aux Géants, renversant les rôles attendus.

De la même façon qu'Athéna lui sera d'un grand secours, Héraclès lui est fidèle dans toutes ses initiations. Devenu adulte, le héros se voit testé par deux femmes emblématiques : la Vertu et la Volupté. On retrouve ce choix d'Héraclès immortalisé sur une peinture de Pompeo Batoni où la Vertu est clairement représentée avec les attributs d'Athéna et la Volupté, appelée aussi « le Vice », avec ceux d'Aphrodite. Cette croisée des chemins pour Héraclès est déterminante, car il choisit la Vertu et cela oriente l'aide qu'il reçoit par la suite tout au long de son parcours auprès de la déesse guerrière. Il peut sembler troublant, par ailleurs, de retrouver, chez Héraclès, comme chez Pâris et son célèbre jugement, différents épisodes initiatiques où on met en scène, face aux héros, Athéna, Aphrodite et Héra ainsi que des rivalités et nécessités de choix. La guerre sage, l'amour et le mariage ne cessent de se disputer les initiations individuelles, ce qui provoque immanquablement un questionnement alchimique intense sur lequel j'aime à mettre la lumière.

Bien qu'Héraclès entretienne, et ce, jusqu'à sa mort et au-delà, une relation privilégiée avec Athéna, il aura de nombreux formateurs sur son parcours. Cela en fait un héros particulièrement polyvalent et explique sûrement, en partie, sa capacité à accomplir des exploits hors norme lors de ses travaux mythiques. On ne peut donc pas attribuer à Athéna tous les mérites initiatiques du parcours d'Héraclès même s'ils sont notables. On devine, à travers cette non-exclusivité dans le rôle d'enseignante, qu'Athéna sait laisser toute la liberté nécessaire pour se faire correctement le cuir sur la route guerrière.

C'est en étant rendu fou par Héra qu'Héraclès commet l'irréparable et tue sa femme et ses enfants. La reine divine tient alors sa plus grande vengeance face au bâtard de Zeus. D'un point de vue mythologique plus schématique, on retrouve ici un personnage masculin dans une quête d'immortalité qui, bien que cela se fasse sous l'effet d'une sordide manipulation, se débarrasse de sa descendance et de leur plus grande protectrice. Tout comme Cronos dévorant ses enfants ou Zeus sirotant Mètis, Héraclès reproduit un cercle vicieux de la mythologie grecque, celui de l'infanticide et du féminicide sur fond de quête d'accession à l'immortalité et donc au pouvoir pérenne – et de conservation de la domination masculine. Le masculin, dans ces mythes, baigne dans l'illusion, consciente ou non, que femmes et enfants compromettent leur immortalité alors que le féminin considère qu'une descendance assure cette vie éternelle.

Une fois sorti de sa transe meurtrière, Héraclès chemine vers la rédemption en effectuant douze travaux jugés impossibles à réaliser. Athéna lui prête main-forte tout au long de ce processus de rachat de son âme humaine.

C'est elle qui le frappe d'une lourde pierre pour le faire sortir de l'épisode assassin provoqué par Héra. Athéna croit en Héraclès et sait lui adresser les claques nécessaires afin qu'il se réveille de ses déroutes et se mette en marche. Cela est révélateur sur la nature des rappels à l'ordre adressés par Athéna de manière générale. Elle ne nous abandonne pas sous prétexte que les conséquences extérieures de nos actes sont gravissimes. Elle sait analyser ce qui relève d'une ruse injuste et qui pourrait nous influencer négativement. En ce sens, c'est une alliée très compréhensive, renforçant le fait que ses décisions d'abandon soient éminemment sérieuses et motivées. En ce qui concerne Héraclès, elle ne l'abandonne jamais. Dans un contexte sociétal où la masculinité violente est particulièrement contestée et mise sur le gril, Athéna montre une voie de rédemption inspirante. Certes, il faudra se garder de torpiller la tête des hommes violents avec de gros cailloux dans le réel, mais le symbole du rappel à l'ordre comme un contrechoc aidant à ouvrir les yeux sur ses propres actes, suivi d'une mise à l'épreuve pour se racheter, est clairement mis en lumière, tout comme les racines de cette violence impliquant une matriarche vengeresse et malintentionnée, elle-même bafouée par un mari égoïste et sans considération. Le coup de folie meurtrière d'Héraclès est un conte initiatique frappant à propos des mécanismes de la violence patriarcale. Le fait qu'Héraclès puisse se racheter grâce à une figure comme Athéna nous montre de façon claire quelle posture saura rétablir l'équilibre dans nos sociétés échauffées par les revendications féministes et la résistance de ceux et celles qui s'accrochent à l'ancien modèle oppressif.

L'entraide marque le lien entre le héros et la déesse, mais également les relations que tisse Héraclès de manière générale sur son chemin initiatique. Ainsi, il est celui qui vient en aide au Titan Prométhée, autre allié d'Athéna, puni par Zeus en étant cloué au mont Caucase, le foie dévoré chaque jour par un aigle. Héraclès obtient de Zeus qu'il libère le supplicié et va jusqu'à pouvoir tuer le volatile dévoreur de foie, qui est pourtant l'animal emblématique du roi de l'Olympe. L'entraide et la négociation sont des notions contagieuses chez Athéna. Elle ne nous maintient pas dans un relationnel en huis clos. Elle nous montre la dimension que peuvent revêtir nos interactions si nous traduisons ce que nous expérimentons avec elle dans notre rapport aux autres. Ainsi, l'initiation n'est jamais déconnectée du réel. Athéna nous montre comment insérer les fruits de sa sagesse dans notre quotidien et dans nos relations.

Athéna fournit à ce héros de bonne volonté de nombreux coups de pouce inestimables. Elle l'arme d'instruments lui permettant de s'en sortir dans ses épreuves. Elle partage son fardeau en prenant le relais de ses efforts quand il peine à tenir seul la voûte céleste sur son dos. Elle le protège et l'aide à blesser Arès, qui veut le tuer à cause d'une rivalité qu'Héraclès entretient avec son fils Cycnos, qu'il finit par abattre. Elle l'aide à voler le tripode de Delphes au nez et à la barbe d'Apollon. Comme elle le fait pour Diomède, Athéna aide son héros à défier les dieux !

Héraclès a donc protégé les dieux pendant la grande guerre contre les Géants et les a défiés avec l'aide de sa déesse protectrice. Ce lien à la divinité qui ne cesse de se tendre et se détendre sur son parcours initiatique se scelle grâce à Athéna qui le conduit jusqu'à l'Olympe pour son apothéose. C'est elle qui intervient en sa faveur face à Zeus pour lui accorder l'immortalité définitive. Chaque épisode où Héraclès touche à cette notion d'immortalité est entièrement cadré par Athéna. Elle y est soit décisive, soit au moins présente, que ce soit lors de sa première tétée avec Héra, pendant la Gigantomachie, pendant ses combats et défis face aux dieux ou lors de son ascension finale. Athéna est immortalisante.

Héraclès porte donc une lumière divine éprouvée, car sans cesse remise en question, testée, déstabilisée jusqu'à être fixée définitivement avec le concours d'Athéna.

Athéna et Persée : la lumière noire

Persée est un héros particulièrement mis à mal par le féminisme moderne, dont, pourtant, je me revendique à ma manière. En effet, l'interprétation en surface de son mythe le place en persécuteur et exécuteur d'une double peine envers une victime violée, si l'on s'en tient à la version du mythe de Méduse par Ovide. Bien que je sois heureuse du fait que Méduse sorte de l'ombre et que l'on reconnaisse sa douleur d'un point de vue collectif, je ne peux m'empêcher de voir dans ce raccourci facile à l'encontre de Persée (comme d'Athéna par ailleurs), qui décapite la malheureuse Gorgone, un saut aux conclusions manquant de recul et une considération de la mythologie comme étant un amoncellement simple de récits exotériques à prendre au pied de la lettre. Un mythe est profondément ésotérique et il convient, à mon sens, d'adopter un regard d'initiée pour le dévoiler. Cela veut-il dire pour autant que tout un chacun n'est pas en droit d'y aller de son opinion sur un mythe et de fustiger avec jouissance un personnage desdits mythes sans avoir pris la peine de passer par un processus initiatique fort ? Chacun et chacune est libre de s'exprimer. Cependant, il convient de se rappeler que c'est le propre de la majorité, de la foule et de ceux qui s'arrêtent à la surface, d'aboutir à des conclusions faciles et de se laisser manipuler par des discours séduisants, car calqués sur un besoin non nourri en soi, faisant naître tout un tas d'indignations qui n'ont parfois de finalité que de se répandre dans la contrariété sans forcément chercher à donner de clés pour résoudre le problème d'origine. Ainsi, l'instrumentalisation d'un mythe par une personne ou un groupe, qui ne saura pas plonger dans l'expérience alchimique que requiert un tel support, aura de fortes chances d'être aussi vide que l'absence d'initiation vécue par la personne qui a pris la parole sur ce sujet. L'initiation n'est pourtant pas hors de portée en soi. Je suis une alchimiste solitaire et je me saisis des défis initiatiques entièrement seule, armée de ma capacité à voyager entre les mondes subtils et de ma faculté de réflexion. Il n'est, à mon sens, pas nécessaire d'être initié par un tiers humain. Je suis même personnellement totalement opposée à cette idée, car je soutiens la conviction selon laquelle seul le divin peut nous initier et que l'initiation par un intermédiaire humain est une invitation à diluer la sagesse qui devrait couler directement en nous, ainsi qu'un risque de prise de pouvoir et d'influence parasitaire de la part de cet intermédiaire s'érigeant en autorité sur quelque chose d'extrêmement précieux : notre capacité à toucher à notre divinité individuelle. Le divin est lié à notre essence tout comme notre incarnation humaine, chacun à un pôle distinct du spectre de notre être global. Pourquoi diable inviter dans cette descente de Soi à soi un intrus potentiellement bouffi d'égo qui calquera ses fantasmes sur nos avancées ? L'initiation sera toujours singulière. Laisser un autre être humain nous montrer le chemin est, d'après mon ressenti et ma compréhension, la meilleure formule pour aller se perdre sur des sentiers qui ne nous attendent pas, ne nous appartiennent pas et sont dépourvus des clés précieuses qui ne sont réservées qu'à nous. C'est une des leçons que je tire de l'initiation héroïque auprès d'Athéna : elle s'adresse directement aux héros et met les mains dans le cambouis avec eux. Nous n'avons besoin de personne pour converser avec le divin. Toute personne qui résiste face à ce postulat me semble intrinsèquement douteuse et en recherche d'ascendant sur autrui. Nous avons davantage besoin de personnes parlant couramment le langage de l'invisible, qui partageront des méthodes pour faire de même et permettre aux autres de ne plus avoir besoin d'intermédiaire. Les vrais initiateurs n'apportent qu'une chose : l'autonomie. Ainsi, pour éviter l'écueil du jugement à l'emporte-pièce sans vécu profond des mythes, il ne suffit pas de vouloir s'initier. Il convient de réfléchir pour et par soi-même et d'être prêt ou prête à vivre le mythe dans l'intimité de son âme. Vous ne toucherez, à mon prétentieux avis (car qui donne sans cesse son avis n'est sans doute pas vraiment humble), jamais à cette intimité en vous en remettant à un être humain autre que vous-même. La seule barrière qui empêche nombre de personnes en chemin de se lancer sans filet dans cette quête et de lâcher la main de leurs gourous, aussi sympathiques et bien intentionnés que soient ces derniers, est le manque de confiance en leur capacité à toucher par eux-mêmes à ces mystères, les réceptionner, les analyser, les comprendre ou les interpréter. Notre rôle, quand nous avons une aisance dans ces domaines, n'est pas de recruter des suiveurs à qui biberonner notre vérité, mais de témoigner que c'est possible de trouver par soi-même le chemin. Ainsi, toutes les pistes d'interprétation que je propose, même si elles peuvent paraître arrêtées ou appuyées avec confiance et autorité pour les besoins d'un support comme ce livre, ne sont jamais figées et visent à remuer plus qu'à fixer en vous des tentatives de conclusion initiatique. De la même manière, un mythe pourra prendre une tout autre signification à deux étapes différentes de votre vie. Je ne sais rien pour vous. Vous avez ou aurez dans un futur plus ou moins lointain toutes vos réponses.

Ce laïus touchant à la nécessité, chère à mon cœur, de s'affranchir de l'endoctrinement et des dominations, prend tout son sens dans le mythe de Persée que je vois personnellement comme un porteur de la lumière noire d'Athéna, un héros des profondeurs qui épure la monstruosité rencontrée, éprouvée et incarnée sur le parcours de la déesse elle-même. Il est celui qui traverse l'œuvre au noir de la déesse vierge, celui qui affronte sa part ancestrale et sombre. Je vois Persée comme un rédempteur et un expert de l'ombre à transmuter. Ceci en fait un parfait bouc émissaire pour qui ne comprendra que l'aspect évident, brillant, clair et littéral de la lumière. Après tout, Persée porte formidablement bien son nom, qui, en alchimie, a toute son importance. Persée perce les ténèbres. Pour ce faire, il y plonge, les affronte et les tranche sans les annihiler, mais en leur trouvant une nouvelle utilité. Là est la clé initiatique que j'aime saisir des mains de Persée. Il n'annule pas totalement l'ombre, il la recycle. Il comprend, armé des aides divines, l'inutilité de vouloir anéantir ou annuler la difficulté, l'épreuve, l'abysse dévorant. Il en fait une arme défensive au service de la lumière supérieurement consciente et c'est là selon moi la définition même de la lumière noire, qui est la plus éblouissante de toutes, car elle n'a fait l'économie d'aucune épreuve et ne s'est, à aucun moment de son parcours, crue trop bien ou trop pure pour entrer en contact avec la difficulté la plus terrifiante.

Mais qui est Persée au juste ? Il n'est autre qu'un des demi-frères mortels d'Athéna. Né dans des circonstances mystiques et hautement alchimiques, il est le fruit de l'union de Danaé, fille du roi d'Argos, Acrisios, et de Zeus venu inséminer la belle sous la forme d'une pluie d'or. En effet, le subterfuge du roi olympien dut être particulièrement élaboré pour approcher son amante, le père de Danaé ayant enfermé la malheureuse dans une tour pour éviter toute descendance. Comme dans de nombreux mythes déjà relatés et touchant aux craintes sur la succession des hommes, Acrisios avait reçu une prophétie concernant un petit-fils qui causerait sa perte. Persée grandit ensuite loin de ce grand-père tyrannique et anxieux qui les chasse, lui et sa mère, en les jetant à la mer. Recueillis par un pêcheur qui élève le bambin comme son fils sur l'île de Sériphos, Persée et sa mère finissent par attirer l'attention du roi Polydecte qui s'éprend de Danaé. Il les convie à un banquet et alors que Persée plaisante en promettant de rapporter la tête d'une Gorgone en cadeau, Polydecte le prend au mot et en profite pour assoir un chantage pervers : si Persée ne lui rapporte pas cette tête comme promis, le roi de Sériphos annonce qu'il forcera Danaé à être sa femme. Persée porte donc en lui l'ADN du fils dévoué dont la quête héroïque est motivée par la protection de la mère et des femmes, et, de manière plus générale, contre les hommes dominateurs qui piègent ou réquisitionnent le principe féminin. L'argumentaire qui en fait un oppresseur machiste fait totalement fi de son histoire dans sa globalité. Sortie de tout contexte, la décapitation de Méduse peut sembler injuste alors que l'histoire de Persée a de nombreuses subtilités à dérouler.

Persée doit donc décapiter la célèbre Gorgone, la seule des trois sœurs appelées par ce nom à être une mortelle. Cependant, la tâche n'est pas simple pour autant. La femme monstrueuse aux cheveux-serpents a la capacité à changer en pierre quiconque croisera son regard. Persée est assisté par Athéna et Hermès ainsi que des nymphes du Styx, fleuve infernal, pour s'équiper dans cette entreprise hautement risquée. Ils lui remettent les sandales ailées d'Hermès, une lame tranchante, la kunée (casque rendant invisible appartenant à Hadès), une besace magique et un bouclier si bien poli qu'il peut servir de miroir. La présence d'Athéna n'est pas un hasard, étant elle-même liée à la monstruosité de Méduse. Cependant, quand Méduse est singulièrement mortelle, Athéna est suprêmement immortelle. Méduse, anciennement la plus belle et dévouée des prêtresses d'Athéna, violée par Poséidon dans le temple de la déesse vierge, fut changée en monstre par la fille de Zeus elle-même, offensée par ce viol. Cette punition en apparence accablante et injuste de la part de la déesse guerrière est également un sacré code à déchiffrer afin de ne pas tirer des conclusions hâtives et faire d'Athéna une déesse vindicative et complice des violeurs. J'y reviendrai dans le chapitre suivant avec l'exploration du personnage de Méduse que j'interprète comme la part sombre et bafouée d'Athéna elle-même, s'autoflagellant de ce viol et tentant de s'armer contre les récidives à son égard.

Athéna va jusqu'à accompagner le héros tout au long de son périple et se placer derrière lui en position défensive. Chaque objet prêté à Persée renverse les pronostics a priori risqués pour lui et le place en position de force dans un monde hostile et monstrueux. Il devient un surhomme non pas grâce à sa force, mais grâce à la mètis, à la bienveillance et à l'engagement d'Athéna. Une fois face à Méduse, il se protège de son regard pétrifiant à l'aide du bouclier prêté par Athéna et réussit à décapiter la Gorgone avec la lame d'Hermès. Dévoué et bien élevé, il rend tous les outils prêtés aux nymphes et offre au terme de ce périple la tête de Méduse à Athéna, qui l'utilisera comme arme défensive majeure et pièce emblématique de son armure. Dans ce trio Persée-Athéna-Méduse, je ne vois qu'une seule et même individualité divisée en trois entités qui collaborent ou s'affrontent. Tous ces personnages sont des parts d'Athéna affrontant l'épreuve du viol, déjà suffisamment difficile en soi, mais absolument taboue pour une déesse vierge. Pour affronter et réintégrer cette blessure personnifiée par Méduse, Athéna fait appel à sa part héroïque, Persée, qui l'aide à dissoudre le mal pour l'intégrer par la suite à même sa cuirasse. Ainsi, la quête héroïque de Persée serait en vérité une allégorie sur la guérison faisant suite au viol où un héros fidèle à l'énergie féminine est choisi pour lui rendre justice. Cette revanche d'Athéna-Méduse est exécutée par Persée afin d'agir comme agent alchimique de dissolution et de réintégration de cette ombre effroyable, devenue tellement monstrueuse qu'elle est décrite comme autonome.

Sur le chemin du retour de sa quête, Persée sauve celle qui deviendra sa femme, Andromède, en proie à un monstre marin envoyé par Poséidon (encore lui !), et, arrivé à destination, il délivre sa mère des griffes de Polydecte. En lieu et place d'un sinistre masculiniste saccageur de femmes, j'ose voir en Persée un vengeur au service de la cause féminine, un chevalier fidèle qui ne garde pour lui que la satisfaction d'avoir œuvré à de hauts idéaux, un homme élevé entre des femmes sacrifiées et des hommes tyranniques qui sait s'ériger contre ces derniers afin de rétablir un équilibre. Expert de l'ombre, porteur de la lumière noire, il se fait le bras armé de la déesse et de son aspect bafoué, violé, ravagé afin d'affronter ce qu'elle ne parvenait plus à regarder en face : son propre reflet après le passage de la domination avilissante d'un masculin violent. Persée est un champion des femmes, et le voir collectivement sali est plutôt douloureux lorsqu'on se donne le temps de considérer sa raison d'être. Persée est par ailleurs formidablement moqué, dans les textes classiques, par ses opposants qui le voient comme un pleutre, car il n'utilise que des armes magiques et non pas sa propre force ou des armes jugées plus masculines. La connivence de Persée est bel et bien en faveur du monde féminin, plus sorcier, et c'est pour la déesse qu'il porte la lumière sombre.

Athéna et Bellérophon : la descente de la lumière

Bellérophon est un demi-dieu, fils de Poséidon et tueur de monstres, venant de Corinthe. Un jour, il s'endort sur l'autel d'Athéna et se réveille avec l'aide de la déesse guerrière, qui lui offre le mors d'or et un philtre pour dompter Pégase, le cheval ailé issu de la tête décapitée de Méduse par Persée. Cette passation de lumière par Athéna entre deux héros est intéressante, car la lumière noire de Persée doit aider Bellérophon à tuer un nouveau monstre, la Chimère. La lumière noire est ce qui affronte et défait l'ombre, la monstruosité. Comme dans un jeu vidéo, un monstre appelle à tuer un autre monstre pour débloquer de nouveaux niveaux de récompenses, c'est-à-dire de conscience et d'illumination. Là où Bellérophon est mal avisé, c'est qu'il croit pouvoir franchir les paliers trop vite et toucher au divin par des raccourcis. Il décide d'accéder à l'Olympe en chevauchant Pégase. Or, dans cette décision, il n'est épaulé d'aucun dieu. Son hubris met Zeus en colère. Ce dernier envoie un taon piquer Pégase et, affolant le puissant animal, précipite la chute de Bellérophon. La lumière noire, maîtresse des ombres, ne peut prendre un mouvement ascendant. C'est une lumière de connaissance des profondeurs. Bellérophon finit estropié à cause de sa mauvaise évaluation du mouvement que devait prendre une telle lumière.

Athéna l'aide à dompter sa monture, en revanche, elle le laisse libre de commettre des erreurs. C'est au héros de comprendre ce qu'il doit faire de la sagesse prodiguée. Au-delà de l'application pratique des outils remis, il convient de véritablement comprendre la nature de l'aide fournie et le mouvement que doit prendre la lumière qui se cache dans ce secours. Tout comme Athéna descend régulièrement de l'Olympe pour venir en aide aux héros, la lumière sombre liée à la connaissance de soi et à l'intégration des blessures comme armes défensives et guérisseuses se doit d'adopter un mouvement cohérent vers le bas, vers l'humanité, afin de la diviniser. Bellérophon a fait preuve d'impulsivité, à l'image de son divin père. Cette hérédité joue peut-être un rôle déterminant dans son tempérament et sa chute, et marque une réelle différence entre la lignée de Zeus et celle de Poséidon. Athéna n'intervient pas pour sauver ou défendre l'impétueux mortel. Elle ne peut cautionner sa méprise. On retrouve donc, à travers la fin tragique de l'initiation de Bellérophon aux côtés d'Athéna, un arrière-goût de la rivalité qui existe entre elle et Poséidon. Quand la déesse aux yeux pers tente de guider un des fils de son éternel ennemi, la mission échoue. Bellérophon est une preuve vivante des espoirs et tensions qui régissent les mondes intérieurs d'Athéna. De bonne volonté, elle le porte en avant, mais c'est en souhaitant aller trop haut qu'il décroche de sa quête initiatique et est abandonné par tous.

Athéna et Jason : la lumière du pèlerin

Athéna permet la réalisation de la quête alchimique du héros Jason qui, avec son équipage, part à destination de la Colchide à la recherche de la Toison d'or, relique merveilleuse issue d'un bélier ailé. C'est Athéna qui oriente tout ce pèlerinage en créant le premier bateau, l'*Argo*. Jason et ses camarades sont alors appelés « les Argonautes ».

Athéna, experte en navigation et en domptage des flots, domaine de Poséidon, utilise plusieurs connaissances pour parfaire cet art, dont la divination et la connaissance des astres. Ainsi, Athéna construit le chemin alchimique de Jason à l'aide de son pouvoir entre ciel et mer, cette tension entre son père et sa mère, ou encore entre son père et son oncle.

Athéna orchestre absolument tout le cadre de cette quête. Elle va jusqu'à choisir Tiphys, pilote d'exception, pour mener Jason à bon port. Elle confère ainsi à celui qui fera concrètement avancer la quête une autorité adaptée à ce rôle. Jason est, telle Cendrillon amenée au bal dans un carrosse magique tiré par des animaux métamorphes, entièrement pris en charge par la prévoyance et l'habileté de sa déesse. Maîtresse des volatiles, elle lui fournit un système de navigation intelligent supplémentaire en lui envoyant des oiseaux aquatiques pour le guider.

Il peut sembler contradictoire que Jason finisse par mourir écrasé, alors qu'il se reposait sous la proue en chêne de l'*Argo*, navire pourtant si favorablement imaginé par Athéna pour l'aider. Tout ceci est à interpréter sous l'angle du pèlerinage alchimique de Jason, qui cherche la lumière dorée, celle de l'identité essentielle et divine. Le véhicule qui lui avait assuré le succès cause sa perte dans un moment de relâchement dans l'ombre. D'un autre côté, ce véhicule à transposer avec le corps humain, est-il encore nécessaire une fois la quête accomplie ? Jason est l'un des héros les plus hermétiques qu'Athéna accompagne. Son pèlerinage peut être interprété à l'infini et nous inspirer dans le cadre d'un questionnement personnel alchimique riche.

Athéna et Aglauros : la lumière bafouée

Aglauros, prêtresse d'Athéna et l'une des trois filles de Cécrops, premier roi d'Athènes, est un exemple parfait de la lumière bafouée du féminin dans la retranscription et la réécriture des mythes entourant les femmes protégées d'Athéna. La déformation tardive de son mythe laisse imaginer qu'elle n'est pas le seul personnage féminin dont la noblesse a été avilie pour ne nous faire parvenir que des versions de récits où les femmes agissent mal, de façon lâche et appelant à punition. Athènes, berceau d'Aglauros, était une ville très patriarcale où les femmes jouissaient de peu de droits, ce qui semblait se justifier de façon mythologique par la colère de Poséidon lors de sa défaite face à Athéna. Les traits féminins d'Athéna elle-même semblent avoir été floutés par les tyrans qui ont érigé sa suprématie tout en instrumentalisant la déesse à travers un prisme privilégiant les hommes. Ainsi, Athéna semble, de manière répétée, protéger et porter les hommes tandis qu'elle dédaigne, infantilise, voire détruit, les femmes. Aglauros est un symbole puissant, celui de l'héroïsme au féminin et de la survivance de la véritable nature de l'aide apportée par Athéna, quel que soit le genre de la personne incarnant son héroïsme, sa lumière.

L'une des choses marquantes dans l'univers d'Athéna semble être l'absence des femmes, ou tout du moins leur place apparemment anecdotique, voire dévalorisée. Il n'en est rien puisque Aglauros possède son propre temple dans l'Acropole d'Athènes. Cette prêtresse mythique faisait l'objet d'un culte bien réel dans l'Attique et les Athéniens la priaient assidument. D'autre part, les femmes ne semblent, dans l'écrasante majorité de leurs mythes, bonnes qu'à désobéir et être, par la même occasion, infantilisées et punies. La version la plus ancienne et authentique du mythe d'Aglauros prouve qu'en lieu et place de la désobéissance si chère aux mythographes misogynes qui ont participé à façonner, siècle après siècle, une construction archétypale collective de la féminité comme étant intrinsèquement mauvaise, la prêtresse d'Athéna, et sans doute de nombreuses figures féminines oubliées, dissimulées ou réécrites pour coller à un agenda patriarcal coupable, s'est montrée particulièrement noble, héroïque et fidèle à sa déesse et à sa cité.

Dans la version mythique à charge contre Aglauros, elle viole une interdiction d'Athéna et finit punie et tuée en conséquence. Dans cet épisode plus connu, elle est aussi significativement plus juvénile que dans son récit héroïque où elle est épouse de roi et mère, démentant la nécessité d'être vierge au sens humainement admis à notre époque pour servir la déesse guerrière et la représenter. La virginité d'Athéna prend un nouveau sens avec l'Aglauros héroïque, plus symbolique et moins hypocrite que l'injonction à respecter une condition purement physique selon un filtre faisant fi de ce qu'était la virginité dans l'Antiquité. La vierge guerrière devient alors pure de cœur, d'âme et d'esprit et son statut marital n'a aucune importance aux yeux de la déesse, qui laisse libres et ne parque pas les femmes inutilement.

L'épisode fâcheux fait suite à la venue au monde d'Érichthonios, fils issu du viol avorté d'Héphaïstos sur Athéna, le sperme du dieu forgeron ayant finalement atterri sur la cuisse de la déesse vierge et leurs essences mêlées ayant inséminé la Terre, Gaïa. Érichthonios, l'enfant serpentin, est, à sa naissance, enfermé dans un coffre, puis confié aux filles de Cécrops, qui avait déjà arbitré le duel entre Athéna et Poséidon pour se partager l'Attique. Tandis que Pandrosos et Hersé ne dérogent pas à l'interdiction d'Athéna d'ouvrir le coffre, Aglauros désobéit et est, en punition, frappée de folie et poussée au suicide.

Dans l'autre version du trépas d'Aglauros, plus héroïque et antérieure, cette dernière se donne la mort volontairement pour sauver sa cité en suivant une prophétie qui annonce qu'Athènes sera détruite par la colère de Poséidon, mauvais perdant de l'arbitrage de Cécrops, à moins que quelqu'un de sa lignée ne se sacrifie. Aglauros est donc une survivance incarnée de la noblesse héroïque féminine et une porteuse de la lumière oubliée et bafouée des héroïnes d'Athéna.

Athéna et la désobéissance sacrée

Athéna est une déesse à la grande droiture. Capable de se battre pour le progrès, la justice, la civilisation, elle n'inspire pas la méfiance vis-à-vis d'une éventuelle tendance à la filouterie, plus caractéristique d'un dieu comme Hermès par exemple. Pourtant, quand cela lui semble participer à ses idéaux, Athéna sait désobéir avec panache et ne fait pas les choses à moitié. Fille adorée de Zeus, elle n'hésite pas à contrecarrer la loi de son père.

On peut en déduire qu'Athéna n'est pas une déesse qui respecte les règles de la civilisation aveuglément. Elle cherche sans cesse à parfaire cet ordre qu'elle aide à établir. Si une rébellion lui semble aller davantage dans le sens du progrès, même contre son propre père, elle y donnera de la force. Elle est une guide de grande jugeote et obéir aveuglément ne lui sied pas. Bien au contraire.

Son intervention dans la guerre de Troie est une désobéissance de sa part vis-à-vis de son père qui ne voulait pas qu'elle s'en mêle. Athéna, déesse stratège qui préfère instaurer la paix par son art guerrier, place ses idéaux héroïques au-dessus de sa fidélité filiale. Sa sagesse est désobéissance, pas uniquement envers son père, mais envers un principe bien plus fort : l'autorité suprême dont elle n'a que faire si ce qu'elle vise exige des prises de position extraordinaires. On pourrait croire qu'Athéna respecte l'ordre, mais ce n'est le cas que si cet ordre est respectable à ses yeux.

Une désobéissance savoureuse d'Athéna est sa complicité avec Prométhée, le cousin ennemi de Zeus, Titan créateur des hommes. Athéna est sa complice dans cette création, car elle souffle la vie dans l'être humain formé dans l'argile par les mains du Titan, mais également parce qu'elle aide Prométhée dans son plus célèbre coup d'éclat : le vol du feu olympien en faveur des humains. En effet, le frère de Prométhée, Épiméthée – dont le nom signifie « celui qui réfléchit après » – avait créé les animaux au préalable, mais n'avait pas laissé suffisamment de dons à dispenser aux humains à Prométhée – dont le nom signifie « le prévoyant ». Quand les animaux étaient agiles, munis de fourrures et de moyens de défense, l'homme était nu et vulnérable, Épiméthée n'ayant pas réfléchi à faire preuve de mesure pour laisser des dons aux hommes. C'est ainsi que le vol du feu s'imposa comme cadeau rebelle de la part du Titan créateur. Athéna l'aida à pénétrer dans l'Olympe et voler un tison pour partager le feu d'Hestia, ce qui mit Zeus en colère et le poussa à punir le Titan effronté. La participation d'Athéna dans ce vol de feu divin, et donc de lumière divine, de connaissance ultime, de maîtrise de tous les arts et de moyen de protection, est très parlante quant aux valeurs de la déesse stratège. Elle montre une fois de plus sa fibre protectrice envers l'humanité ainsi que sa propension à aider la lumière divine à se propager vers les strates dimensionnelles plus basses. Ce feu, à ses yeux, a toute sa place entre les mains généreuses de Prométhée et, épaulé par Athéna, il est intéressant de se demander s'il le vole véritablement ou le mérite par l'épreuve. En effet, capable de prévoir, Prométhée assume sa punition, le foie dévoré par l'aigle de Zeus en haut du mont Caucase, et paye ainsi notre droit à ce feu. C'est là l'une des composantes de la quête héroïque de Prométhée qu'Athéna participe à porter : le choix du feu, l'accueil de la possibilité d'avoir accès à la connaissance divine, et il est bien connu à travers les différentes mythologies que cette connaissance, cette lumière, n'est pas sans prix.

Athéna reste présente dans les conséquences de ce vol alors qu'Épiméthée s'apprête à recevoir la seconde partie de la punition divine, cette fois-ci à destination de l'humanité tout entière. Zeus ordonne que l'on façonne la première femme, Pandore, « celle qui a tous les dons », à laquelle tous les dieux donneront une caractéristique précise. Athéna est centrale dans l'équipement de Pandore, car elle la vêt d'un châle éblouissant, lui offre une couronne d'or et lui apprend à tisser. Athéna, quand la femme fait surface, est la première à lui offrir la souveraineté et la capacité à orienter elle-même son destin, avec la symbolique suprême du métier à tisser. Il semblerait que les dons d'Athéna participent une fois de plus à l'opération initiée par Prométhée, celle de l'émancipation et de la libération des humains. Ainsi, Pandore, envoyée comme épouse à Épiméthée, le simple d'esprit, est porteuse de divines qualités, mais également d'une jarre, devenue une boîte dans la culture moderne, qui renferme tous les maux de l'humanité et qu'il lui est interdit d'ouvrir. Sa curiosité aura raison d'elle et elle se voit transformée en malédiction vivante, pourvoyeuse de tous les malheurs des hommes, l'espoir restant seul dans la jarre refermée, symbole ultime de la féminité hermétique, de la coupe divine hors de portée. Pandore n'est une malédiction que pour ceux qui ne comprennent pas l'opportunité qu'elle renferme, celle de l'altérité souveraine et de l'accès à une autre quête héroïque liée à la féminité pour laquelle Athéna donne de puissants leviers en détentrice de clés alchimiques et androgynes puissantes.

Chapitre 3
Son arsenal identitaire

L'identité d'Athéna est un champ d'exploration passionnant bien plus complexe qu'il n'y paraît. Sa naissance et ses parents exceptionnels ainsi que ses domaines de compétence font d'elle une déesse singulière. Chaque élément de son mythe ne se contente toutefois pas de raconter son histoire, mais la définit profondément. Ainsi, chez Athéna, tout permet de la saisir si l'on prend la peine d'observer et d'analyser. Ses rencontres, ses liens, ses alliés, ses noms, son apparence, ses équipements... Tout concorde de façon complexe à rendre le portrait d'Athéna hautement chargé de sens.

Appropriations divines

On retrouve, symboliquement, chez Athéna, la thématique de l'avalement déjà présente chez Zeus et Cronos. L'identité de la déesse se construit par intégrations successives d'essences appartenant à des énergies extérieures, mais qu'elle ne vampirisera ni ne cannibalisera jamais vraiment. C'est en cela qu'elle se distingue de ses ancêtres. Ses avalements identitaires sont soit des hommages, soit des victoires, soit des réparations. Elle ne cherche jamais à fiévreusement annihiler autrui sous l'effet d'une angoisse existentielle comme c'est le cas pour les hommes de sa lignée. Athéna est bien plus noble.

Elle fait de certains êtres des parties de son identité en réutilisant relations et épreuves. Sa capacité de conception identitaire en est une aussi de résilience. Elle réinvente la souffrance en force et n'utilise pas vilement les autres, mais les transmute à travers elle.

La filiation joue un rôle clé dans la construction identitaire d'Athéna. Elle porte en elle la divine mètis de sa mère et la capacité de son père à avaler les qualités d'autrui bien que cela revête un aspect plus doux de génération en génération. Ainsi, Athéna a une faculté d'intégration relationnelle qui lui permet de transmuter les ombres de ses souvenirs et interactions avec autrui. Athéna, quand elle porte l'essence de ses parents ou de toute autre personne, rend hommage aux autres et sait rester elle-même, individuelle. Ses ajouts et mélanges identitaires font partie intégrante de son arsenal et permettent de la reconnaître.

Pallas, hommage et trophée

Le nom « Pallas » est placé devant celui d'Athéna pour la nommer et c'est en son honneur que l'on a appelé l'astéroïde du même nom. Ce dernier désigne pourtant bel et bien Athéna puisque c'est un corps céleste, qui, dans une carte du ciel, révèle des éléments sur l'intelligence, l'intuition, les capacités politiques et la propension à apporter la paix. C'est l'astéroïde de la vierge guerrière et c'est son placement qui régira votre lien individuel, du point de vue de l'astrologie, avec Athéna. Pallas est donc, à travers cet exemple très concret, totalement intégré à l'identité même d'Athéna.

Pallas est avant tout le nom de deux personnages mythologiques qui croisent la route de la déesse guerrière. Tout d'abord, c'est une amie d'enfance, fille de Triton et Tritonis, auprès de qui Athéna est élevée. Pallas est une sœur de cœur pour Athéna qui, privée de mère, crée des liens significatifs avec cette famille d'adoption. Il est intéressant de souligner que Triton est fils de Poséidon et que Tritonis est à la fois une nymphe et une étendue d'eau auprès de laquelle Athéna est née. Le lien entre Athéna et les lieux se rappelle alors à nous. La place est toujours significative avec elle, qu'il s'agisse de Tritonis ou de la tête de Zeus. Ainsi, la place de Pallas dans une charte astrologique me semble toujours d'une importance cruciale.

Athéna finit par adopter ce nom et le placer avant le sien à la suite d'un accident tragique qui cause la mort de Pallas. Lors d'un entraînement entre les deux amies, Zeus apparaît soudainement afin de faire gagner sa fille, mais Athéna transperce alors sans le vouloir la pauvre Pallas, surprise par l'arrivée du souverain olympien. Plongée dans une grande douleur, Athéna rendra éternellement hommage à son amie en faisant en sorte qu'elle soit nommée avant elle à travers la formulation devenue célèbre « Pallas Athéna ». Athéna fit aussi ériger une statue en l'honneur de Pallas, le *Palladion*, réputé pour avoir appartenu à la ville de Troie et conférant à cette dernière un pouvoir magique empêchant tout assaut.

La deuxième identité-valise de Pallas est celle du Géant qu'Athéna vainquit lors de la Gigantomachie et avec la peau duquel elle se fit une armure.

Dans les deux identités qui ressortent de ce nom, Athéna porte Pallas à travers le terrassement, volontaire ou non, de l'individualité ayant cette dénomination à l'origine. L'identité n'est pas un sujet anodin pour Athéna et son nom devra, à ses yeux, refléter son vécu, ses épreuves, ses victoires comme ses peines. À travers Pallas, on comprend que, pour Athéna, être nommé signifie avoir vécu. Ce n'est pas décorrélé du fait qu'Athéna est née tout adulte, comme s'il était étrange de nommer un nourrisson qui n'a pas encore montré qui il était. Avec Athéna, de la même façon, nous ferons ce que nous sommes, et inversement. Les actions sont intrinsèquement liées à l'identité, dans l'idéal, et ces deux notions n'aiment pas la dissonance. Ainsi, Athéna laisse toute la place à un nouveau nom dans votre narration héroïque et apportera son lot de questionnements sur la place du nom, son importance, son poids, sa provenance, sa vibration, etc.

Méduse, l'ombre intégrée

Nous avons précédemment vu comment Persée, porteur de la lumière noire d'Athéna, est parti en quête de la tête de Méduse pour délivrer sa mère, Danaé. Je vois dans chaque parcelle de l'histoire de Méduse des indices sur Athéna elle-même afin de nous faire comprendre son aspect sombre. Ainsi, Méduse, selon ma théorie, serait l'Athéna des profondeurs, inavouée, sexuelle, carnassière, mise à nue et démantelée pour recouvrir la déesse d'un bouclier protecteur. Méduse porte pourtant bel et bien une sagesse en elle, mais elle est tellement éloignée de la rigueur d'Athéna qu'il semble effectivement nécessaire de dissocier les deux déesses pour ne pas ternir la droiture, la virginité, voire la raideur, que l'on perçoit toujours chez la fille de Zeus.

Méduse est l'une des trois Gorgones, monstres féminins, tout comme les Grées, issues de l'union de la divinité marine Phorcys et de Céto, un serpent de mer, tous deux enfants de Gaïa et de Pontos. Méduse porte donc uniquement les profondeurs sous-marines que Mètis légua à Athéna et non pas les hauteurs du ciel héritées de Zeus. La Gorgone se place résolument du côté sauvage et insondable, mais également animal d'Athéna. Comme nous l'explorerons dans le lien d'Athéna avec les animaux de pouvoir, il est plus commun d'associer la déesse sage à la chouette alors que le serpent est sans doute tout aussi central, voire plus important, dans son ADN. Méduse est l'Athéna serpentine, la femme primordiale qui mue vers une déesse porteuse de civilisation grâce à l'épreuve. Le serpent porte l'essence ancienne et sombre de celle qui deviendra la lumineuse Athéna.

Seule Gorgone à être mortelle, Méduse est une entité provenant du même berceau qu'Athéna, la Libye. Elle est ensuite immortalisée grâce à la déesse puisqu'elles seront définitivement indissociables. Son nom signifie « celle qui protège ». Ainsi, la protection est un thème central de l'initiation sombre d'Athéna. Les représentations antiques de Méduse faisaient d'elle un monstre hideux ressemblant à un sanglier. L'aspect grotesque, effrayant et vil était plus prégnant par le passé. L'imaginaire collectif se réconcilie peu à peu avec Méduse et en fait de plus en plus une femme vénéneuse, mais sensuelle, conservant quelque chose d'attirant de la personne qu'elle était à l'origine, la prêtresse d'Athéna à la beauté envoûtante. Hésiode considérait que Méduse avait toujours été une créature monstrueuse tandis qu'Ovide soutenait la thèse de la transformation de la Gorgone par Athéna.

Le viol de Méduse par Poséidon, dans la version d'Ovide, a lieu dans le temple d'Athéna, métaphore du corps de la déesse. La beauté de sa prêtresse est la sensualité que la vierge s'interdit d'incarner. Poséidon, ennemi emblématique, assoit ici sa domination bien plus que son désir pour celle avec qui il rivalise sans cesse, le viol étant bien plus ici une façon d'écraser le pouvoir de l'autre et de s'imposer au-dessus de la personne assaillie et profanée que de s'octroyer un accès forcé à sa sensualité. Toujours est-il que la résultante est la même : la femme salie par cette effraction abdique par elle-même ce pouvoir sensuel pour ne plus avoir à subir ce genre d'assaut. Athéna est vierge et asexuelle pour oublier cet affront primitif. Il nous est raconté que c'est elle qui punit Méduse à la suite de ce viol, la changeant en monstre, des serpents à la place des cheveux et le regard pétrifiant quiconque le croisera. Je vois dans cette punition un processus interne pour Athéna, s'autoflagellant en se rendant monstrueuse et se protégeant d'éventuelles futures agressions. Cependant, dans cet entre-deux où Athéna est dans son temple délabré et Méduse, dans sa grotte, la déesse est dissociée, son ombre lui échappant, ses traumatismes faisant hurler ses plaies béantes. Elle a besoin de la lumière de l'héroïsme pour rassembler ses parts d'identité et de dignité éparpillées. C'est Persée qui incarne ce rôle pour elle, l'agent alchimique qui achève la séparation des éléments pour permettre le rassemblement. *Solve et Coagula.* Le héros est la main du processus de résilience de la déesse à qui le consentement a été confisqué. C'est bien une déesse qu'il assiste puisqu'il a besoin d'être équipé comme un dieu pour accomplir sa tâche. Persée est bien plus qu'un tueur de monstres. Il est la personnification d'un procédé alchimique pour le féminin divin et la guérison collective de la femme violée. Persée apporte une solution alchimique de résilience face au sacrilège que représente la domination du roi sur la reine sur l'échiquier alchimique perverti.

De la tête tranchée de Méduse jailliront deux êtres : Crysaor et Pégase. Ce dernier, plus connu, est le cheval ailé, porte-Foudre de Zeus que seule Athéna saura dompter à l'aide d'un mors d'or qu'elle fait forger par Héphaïstos, son prétendant déçu. Athéna dompte les fruits de ses blessures à l'aide de l'or, symbole de l'égo rayonnant et dépollué de ses illusions. Crysaor, signifiant « épée d'or », autre symbole alchimique, est un jeune homme, et plus rarement, un sanglier ailé. Ainsi, de ce viol naîtra un animal de pouvoir ressemblant à celui du violeur, Poséidon : le cheval. Toutefois, cet animal réparateur a les ailes qui permettent de quitter les profondeurs pour s'élever et porter les combats du père juste. D'autre part naîtra un être-épée d'or, symbole du masculin noble, le phallus redoré et dépollué de ses sacrilèges. Il n'est pas anodin que Persée, agent de la décapitation, faisant naître ces créatures, provienne lui-même d'une pluie d'or céleste fécondant une femme voulue impénétrable et enfermée dans une tour, autre symbole phallique. Les couches successives de ce mythe mettent en scène l'impénétrabilité d'un féminin bafoué par la domination indigne d'un masculin traître ne trouvant la repentance que dans le processus alchimique d'intégration de l'ombre, de « revirginisation » et de mariage alchimique interne pour pallier le mariage externe entre homme et femme, impossible, car rendu violent et dangereux. À travers Méduse décapitée,

Athéna renvoie au monde patriarcal sa haine des femmes et fournit à ces dernières un mode d'emploi de reconstruction : la fabrication du Gorgonéion, arme défensive ultime permettant d'assoir, éternellement, l'effroi face à ceux qui croient pouvoir profaner le sacré. Ce Gorgonéion, c'est la tête de Méduse devenue bouclier, épouvantail chtonien porté par une déesse céleste.

Persée rend donc, au terme de son aventure, la tête de Méduse à Athéna, qui la portera éternellement sur elle, soit sur l'Égide, soit sur son bouclier. Athéna possédait déjà cette tête, si l'on considère que Méduse est son double, mais l'action de Persée l'aide à recouvrer cette part d'elle-même, en d'autres termes, à « retrouver toute sa tête ». Athéna, recouverte de son ombre réintégrée, est prête à terrasser l'adversité à l'aide de son histoire. La tête de Méduse qui protège Persée lors de son voyage retour et l'aide à délivrer Andromède, sa future épouse, était exigée par celui qui voulait se marier avec sa mère. Elle finira là où elle devait être, réunie à Athéna, dans son entièreté. La tête de Méduse est à la fois un symbole d'intégration de l'ombre et de mariage intérieur. Il n'est effectivement pas possible d'unir masculin et féminin sans déconstruire, dépolluer et réintégrer ses ombres. Enfin, le fait que la tête de Méduse finisse comme une offrande à Athéna alors qu'elle lui appartenait déjà en dit long sur la nature des offrandes. Ne faisons-nous pas que rendre à la divinité ce qui est déjà sien ? C'est le cas, aussi et surtout, pour l'énergie d'amour que nous élevons vers le cœur de la divinité aimée. Ainsi, rien de nouveau ne peut être donné à nos dieux. Nous ne faisons que concrétiser ce qui est.

Méduse était capable de changer en pierre quiconque croisait son regard. L'Athéna violée conservait alors ses yeux perçants, cette fois-ci devenus insoutenables et fatals. On parle aussi communément du Gorgonéion d'Athéna comme du masque de la Gorgone, langage double, puisque c'est ce masque qui démasque par effet miroir celui qui dévisage Méduse. Ce regard pétrifiant est vu comme monstrueux, car il révèle le monstre caché à l'intérieur de celui qui regarde. Méduse est un glaçant miroir d'ombre. Changé en bloc de pierre, l'observateur est vidé de son sang, de sa vie, figé, mis à l'arrêt et risquant d'être brisé à la moindre chute alors que, même décapitée, la tête de Méduse continue de saigner, un côté de sa tête apportant la vie et le remède, l'autre, la mort et le poison. En pétrifiant, Méduse vide l'autre d'un sang qui alimente son propre pouvoir à double tranchant, elle prive d'une vie qu'elle conserve éternellement pour elle-même. Méduse porte donc l'empreinte des vampires sacrés qui puisent l'énergie pour la recycler et punir comme bénir.

Le lien de Méduse au monde de la mort et au royaume d'Hadès est rappelé par la présence des nymphes du Styx prêtant les armes divines à Persée, notamment la kunée. Dans le trio divin aidant Persée, Athéna-Hermès-Hadès, la vierge guerrière est entourée du seigneur des enfers et d'un dieu psychopompe, nous aidant à comprendre l'aspect chtonien de cette expédition au cœur de laquelle Athéna est transfigurée.

Si Athéna est présente à chaque instant aux côtés de Persée et capable de le conseiller avec tant d'aisance pour éviter le regard de Méduse, c'est bel et bien parce qu'elle connaît ce regard : c'est le sien. Quand Athéna explique à Persée comment vaincre Méduse, elle donne des clés inédites, qu'elle ne fournira plus jamais à quiconque, car elle est une déesse de victoire, et ces clés sont celles de sa défaite. Il est ainsi possible de percevoir dans la décapitation de Méduse un mode d'emploi que nous nous garderons bien d'appliquer, « comment vaincre Athéna ». C'est dans son regard et dans sa tête surpuissante, siège de sa redoutable intelligence, que se trouvent toutes ses armes. Méduse décapitée est si souvent sexualisée à cause des serpents et de ce qu'ils évoquent que l'on pourrait en oublier que la tête est le lieu où trône l'intellect. À l'inverse, si l'on considère qu'Athéna dissimule Méduse en elle, c'est peut-être pour cacher les serpents qu'elle porte en permanence son célèbre casque.

Une épithète parle d'Athéna *Gorgós*, la terrible et inquiétante, mais également éclatante, comme les armes, et pourvue d'une virtuosité athlétique éblouissante. La Gorgone en Athéna participe à sa fureur guerrière. Le regard de Méduse, dangereusement intégré et maîtrisé par l'intelligente guerrière divine rappelle la capacité de domptage d'Athéna qui, ici, maîtrise son propre regard démoniaque afin d'en orienter pleinement le pouvoir de destruction et de protection. Ainsi, la « défaite » de Méduse est davantage à interpréter comme une collaboration finale des deux Athéna, union redoutable qui, anoblie par la pureté de la déesse vierge, continue de pétrifier d'horreur tout contrevenant à sa droiture.

La déesse aux yeux pers devient donc la porteuse du masque de la Gorgone et son regard se confond désormais avec celui de son double sombre. Ce regard-miroir est un test d'alignement, insoutenable pour les personnes masquées, déviantes, dissonantes, dissociées... Les yeux de Méduse, l'Athéna victime, deviennent bourreaux défaits par le sauveur Persée. Dans ce triangle de Karpman mythologique, la résolution arrive en fusionnant bourreau et victime afin de créer un nouveau sauveur, l'Athéna réunifiée.

Ce regard, tuant qui le croise, exprime, chez Méduse, une peur panique d'être vue pour ce qu'elle est en cet instant. Méduse se laisse définir par son traumatisme et se voit monstrueuse. Elle ne peut pas tolérer d'être regardée dans cet état, tout comme les blessés narcissiques ne peuvent pas supporter que l'on observe sous leur masque afin de débusquer la blessure qui s'y tapit. Pour ces derniers, le regard est central. Masqués, ils cherchent les regards pour se redéfinir à travers eux. Démasqués, ils déchaînent toute l'étendue de la toxicité qui suinte de leur blessure sous la pression d'un regard qu'ils ne contrôlent plus et à qui ils ne peuvent plus raconter une fable concernant qui ils voudraient être. Ainsi, le regard bienveillant d'Athéna réchauffe, redonnant force et espoir tandis qu'elle l'accorde uniquement à ceux qui sont méritants. Le regard de Méduse, quant à lui, détruit et pousse à s'effondrer avant même d'avoir livré bataille. Ce miroir d'ombre brise les illusions internes sur l'image, l'égo, la représentation du soi et il est si puissant que, même décapitée, la tête conserve son terrifiant pouvoir. Ce regard continue de juger et persécuter l'adversité, mais, désormais, en immunisant Athéna.

Cette tête éternellement saignante, et dont les deux faces peuvent guérir ou détruire, rappelle la maîtrise des poisons de Mètis. À l'aide de la face gauche, Persée réussira à pétrifier le Titan Atlas qui lui refusait l'hospitalité, créant ainsi le célèbre massif. Déposée sur des roseaux marins, la tête de Méduse créera le corail, fragile trésor aquatique aux vertus magiques intéressantes. Consciente du pouvoir de ce sang, Athéna en donnera deux gouttes à son protégé Érichthonios pour lui conférer protection, régénération et capacité à maîtriser les deux faces de vie et de mort de Méduse. Ces deux aspects rappellent d'ailleurs les deux parties de l'animal marin, la méduse, nommée ainsi en l'honneur de la Gorgone, dont le chapeau est inoffensif, mais les tentacules paralysants.

Athéna investit, grâce au sang de Méduse et à ces deux faces polarisées, le domaine de la médecine par l'intermédiaire d'Asclépios, fils d'Apollon et de la mortelle Coronis, parfois assimilée à Athéna, théorie qui rebutait les Athéniens, qui tenaient à la virginité de leur déesse tutélaire. Après avoir été formé par le Centaure Chiron, qui lui enseigne notamment la chirurgie et les propriétés thérapeutiques des plantes médicinales, Asclépios passe au niveau supérieur grâce à Athéna qui, armée du sang de Méduse, lui montre comment ressusciter les morts – le côté gauche de la tête de la Gorgone décapitée offrant un sang fatal, et le côté droit, un sang guérisseur, opposition qui rappelle les deux côtés de la voie magique. Asclépios ressuscite ainsi de nombreux personnages, provoquant la colère d'Hadès, qui craint pour l'équilibre de son royaume. Zeus ne tarde pas à intervenir en bras punitif, foudroyant le malheureux médecin, mais reconnaissant tout de même sa valeur en l'élevant au rang des dieux et en l'immortalisant dans la voûte céleste.

Athéna défie l'ordre cosmique à l'aide du sang de Méduse. La punition d'Asclépios prouve l'importance du dosage dans tout maniement de poisons et de remèdes. À travers son double sombre, Méduse, Athéna peut expérimenter et exercer la démesure à laquelle elle ne s'adonne habituellement pas. Méduse permet à Athéna de trouver l'équilibre intérieur comme extérieur, humanisant énormément la fille de Zeus. Méduse apparaît presque comme un saut dimensionnel d'Athéna elle-même, une Athéna mortelle, blessée, traumatisée et cheminant vers une guérison résiliente qui finira par la protéger et porter ses idéaux collectifs.

Minerve et le syncrétisme gréco-romain

Le panthéon romain appelle, par syncrétisme, son Athéna « Minerve ». Dans la mythologie grecque, le fils mortel d'Aphrodite, Énée, est celui qui exporte la culture grecque en s'établissant à Rome où il prospère après la guerre de Troie. Minerve se calque ainsi sur Athéna tout comme le reste du panthéon romain copie-colle tout l'Olympe. Minerve, cependant, est traditionnellement moins guerrière qu'Athéna et davantage axée sur la guérison et l'invention. Toutefois, dans les mythes de la vierge guerrière, les auteurs romains, comme Ovide, remplacent purement et simplement le nom d'Athéna par celui de Minerve. Ainsi la culture romaine cannibalise la Grèce et les syncrétismes empêchent une distinction marquée entre les deux entités.

Je choisis personnellement d'écarter le nom de Minerve de ma dévotion personnelle à Athéna, considérant les noms romains comme des décalquages auxquels la déesse vierge reste froide, étant donné l'association romaine à Aphrodite et Énée contre qui Athéna s'est battue pendant la guerre de Troie. Pour rendre hommage à Aphrodite, je peux me référer à son nom romain sans trop de problèmes. C'est plus mesuré pour Athéna. L'énergie fait barrage. Rome est l'autre côté du divorce identitaire de l'antique déesse de la guerre et de l'amour. Athéna reste en Grèce. Athènes est son territoire. Je l'appelle donc exclusivement Athéna.

Ainsi, si Minerve semble avaler Athéna, je choisis personnellement de voir ce syncrétisme comme une chose délicate dans la dévotion à la déesse que je connais et je ne m'en remets qu'à Athéna, ne souhaitant pas diluer l'essence de la divinité. Pallas et Méduse ont totalement leur place dans les énergies entourant l'identité d'Athéna, car je considère qu'elles la renforcent et permettent de la comprendre tandis que Minerve semble nous éloigner de la signature énergétique d'Athéna. Pour les personnes réticentes à adopter le nom romain « Minerve », mon approche permettra peut-être de lancer une réflexion avec des pistes de compréhension à explorer selon les critères de chacun et chacune. Ainsi, dans les sources romaines, quand je lis « Minerve », je comprends « Athéna », et c'est le nom que je prononce. Il est d'ailleurs saisissant de constater que l'astéroïde dédié à Athéna s'appelle « Pallas » tandis que d'autres, comme Cérès ou Junon, portent les noms romains des déesses. Le nom de Minerve semble bloqué, même dans les cieux.

Attributs

Les attributs de la déesse peuvent être classiques, connus, attendus. Toutefois, mon expérience et la vôtre pourront se colorer de signes variés, faisant apparaître des éléments inédits dans des configurations originales. Heureusement qu'Athéna ne se résume pas qu'à la chouette et à l'olivier. Vous pourrez tisser une histoire, avec elle, qui vous ressemble et voir poindre des attributs variés, l'utilité de ces derniers étant bel et bien de porter l'essence des messages de la déesse. Ainsi, je vous détaillerai ici les attributs les plus évidents et documentés, mais également le fruit de mes observations et de mon vécu. Les attributs d'Athéna permettent évidemment de mieux cerner qui elle est. Si elle souhaite accentuer un de ses aspects dans la relation qu'elle désire tisser avec vous, ce qu'elle mettra en avant sera significatif et vous pourrez ainsi en déduire ce qu'elle souhaite montrer d'elle et en quoi cela se rapporte à votre propre initiation à ses côtés. Les attributs permettent l'identification dans un monde profane. Dans l'intimité du sacré, que les attributs de la déesse vous apparaissent par signes, rêves ou visions médiumniques, l'identification de la divinité ne se suffit pas à elle-même, sauf, éventuellement, en début de relation, quand vous ne savez pas encore qui vous approche. Ainsi, les personnes contactées par une divinité pour la première fois auront besoin d'authentifier des attributs très clairs, emblématiques et facilement vérifiables. Dans un second temps, ces attributs peuvent se complexifier et se personnaliser, car la relation que vous aurez ou avez déjà avec Athéna sera forcément différente de la relation qu'elle tisse avec d'autres protégés. Ainsi, il convient de comprendre qu'une liste d'attributs n'est jamais exhaustive et absolue et que le vécu prime toujours sur le théorique, même si le théorique se doit d'y être présent également pour valider, enrichir et questionner.

Alliés naturels

Athéna utilise ses attributs traditionnels pour se faire connaître au quotidien. Parmi les alliés naturels les plus célèbres d'Athéna, l'olivier est en première place. Il assoit sa victoire face à Poséidon pour le patronage de l'Attique. Virgile appelait les baguettes d'olivier les « rameaux de Pallas », rameaux qui peuvent tout aussi bien surgir en signes pour évoquer la paix chère à Athéna que pour lui permettre de signifier sa présence pure et simple à vos côtés. Couplés à la chouette, son emblème, on les retrouvait sur des monnaies athéniennes. Tout objet porteur de ces symboles est propice à établir un lien avec elle.

Athéna se manifeste également à travers le beau temps, la rosée et la pluie qui sont personnifiés par ses trois prêtresses athéniennes, Aglauros, Pandrosos et Hersé, les filles de Cécrops et les nourrices d'Érichthonios, son fils adoptif. Il est ainsi très simple de se connecter à la déesse au quotidien à travers la météo, la nature et l'observation de l'environnement.

Virginité, nudité et armement

Athéna, nous l'avons vu lors de l'épisode de sa naissance, n'est jamais nue. Elle apparaît au monde entièrement vêtue et armée. Plus marquant encore, sa nudité est un tabou absolu, tabou directement lié à sa virginité puisque les déesses vierges, dont sa sœur Artémis fait partie, ont pour coutume de punir quiconque les « découvrira » véritablement. Ainsi, quand Tirésias surprendra Athéna pendant son bain, elle le frappera de cécité, allégeant toutefois sa peine en lui prodiguant des dons de divination. Elle lui offrira également un bâton de cornouiller pour l'aider à marcher sans voir, une vie extraordinairement longue et une survivance de sa double vue dans l'Hadès. La nudité d'Athéna donne accès à l'autre monde, mais ferme la porte de celui-ci. Tirésias, ayant vu Athéna nue, restera coincé dans un sas liminal où son corps est dans un monde, mais sa vision dans l'autre. L'armure que porte Athéna ne la protège pas tant elle-même qu'elle préserve les mortels. Cette armure nous sauve de la vue de sa divinité nue et du choc que cela occasionnerait pour nous. L'armure d'Athéna nous ancre au réel. Elle est garante de notre raison.

Il est également possible de considérer l'armure d'Athéna comme une métaphore de sa nudité puisqu'elle est née armée et casquée. Cette nudité est équipée. Athéna est une guerrière, même nue. Elle n'est jamais sans défense.

Lorsqu'Athéna est sexuellement agressée par Héphaïstos, elle ne laisse apparaître que sa cuisse et elle ne portera pas l'enfant, Érichthonios, né de cet assaut directement dans son corps, mais aura besoin de Gaïa comme mère porteuse. La cuisse est hautement symbolique pour Athéna puisqu'elle est née de la tête de son père tandis que son demi-frère, Dionysos, jaillit, lui, de la cuisse de Zeus, siège des instincts auxquels la vierge se refuse. Athéna, à travers cette cuisse ensemencée, mais rejetant la gestation et l'accueil, coupe également l'accès à ce qui se trouve au-delà de cette cuisse. Les questionnements sur son sexe peuvent alors galoper. Est-elle équipée d'un appareil génital permettant l'accueil d'une grossesse traditionnelle ? La question de l'hermaphrodisme se pose de nouveau.

La nudité d'Athéna est imprenable, interdite et elle porte malheur. Cela était ouvertement confirmé par un rituel athénien annuel, les Plyntéria, qui reproduisait la symbolique du bain de la déesse en Grèce Antique, présidé par la prêtresse mythique Aglauros. À cette occasion, l'image en bois d'olivier de la déesse et son vêtement étaient emportés hors de la cité pour être nettoyés, et sa statue, cachée, recouverte d'un linge. C'était un moment de mise à nu symbolique pour la ville d'Athènes, car la protection de la déesse envers le peuple n'était plus assurée. Pendant le bain d'Athéna, un sentiment d'extrême prudence pesait sur le peuple, la nudité de la déesse évoquant une hypervigilance inconfortable. Tout comme l'armure d'Athéna nous protège de la vue débilitante de sa nudité, le bain de la déesse nous met bien plus à nu qu'elle. Il est question de notre propre protection derrière la métaphore de la nudité d'Athéna. Cela apporte énormément de questionnements sur la purification et la protection, deux des premières opérations magiques qu'il est recommandé d'apprendre et de maîtriser dans toute pratique occulte ou sorcière. Quand la déesse se purifie, et donc se met à nu, elle déstabilise la protection du peuple. La purification d'Athéna est vécue comme un abandon chargé de tristesse et d'angoisse. La déesse au regard vigilant a alors les yeux fermés. Ses yeux ont en effet un lien direct avec sa nudité puisqu'elle ferme ceux de Tirésias pour en ouvrir de nouveaux chez lui, ceux de l'extralucidité. Athéna nue est un pont vers l'autre monde.

Athéna m'a énormément aidée, personnellement, à aborder la purification et la protection de façon nouvelle, loin des discours formatés. À son contact, j'ai appris à voir la purification et la protection mécaniques, ponctuelles et poussives comme des obstacles à la véritable pureté et défense. C'est son statut de vierge guerrière qui garantit un alignement en béton armé. Athéna est pure parce qu'elle est vierge et cela est à comprendre au sens initiatique. La virginité aura des colorations différentes selon chacun et chacune. Athéna est protégée parce qu'elle est née armée et que sa nudité est dangereuse pour les autres. Vous pouvez adapter ce principe et voir en quoi cela peut vous être utile. Depuis que je pratique avec Athéna, je me purifie beaucoup moins, je m'aligne sur ma pureté intrinsèque, j'apprends à faire rayonner ma nature de vierge guerrière, et ma protection est sensiblement la même chose que ce qui m'aide à rester « pure ». J'apprends à être une guerrière nue. Je laisse les abords de ma nudité être un champ de mines.

La protection d'Athéna est toujours liée à sa nature alchimique. Ainsi, l'intégration de son ombre comme arme défensive à travers le Gorgonéion est un autre indice de ce qui vous protègera. Faire de son ombre un bouclier après un processus d'intégration alchimique profond remplacera tout rituel fébrile et temporaire. La nudité, la virginité et l'ombre d'Athéna sont très parlantes et vont toutes dans le même sens. N'érigez pas que des boucliers à l'extérieur de vous. Devenez une force dissuasive, inattaquable. Cependant, un tel processus demande un alignement hors du commun et cet alignement est un travail sur la virginité et la nudité de la guerrière. Votre Méduse devra être bien en place sur votre bouclier pour accomplir un tel mécanisme défensif et souvent, la tâche la plus ardue est de comprendre qui est votre Méduse et d'avoir l'estomac et la méthode, ainsi que le juste « Persée », pour aller symboliquement la décapiter avant de la recouvrir. C'est un point sur lequel nous reviendrons plus tard pour savoir comment œuvrer avec Athéna.

La nudité est tellement importante pour la vierge guerrière qu'elle peut l'exiger, voire la provoquer, chez les autres. La nudité empêche le glamour et Athéna vous aidera grandement à faire tomber tout glamour chez les autres. Avec son aide, tout le monde sera nu face à vous, et force est de constater que certaines personnes sont encore guerrières une fois nues, mais que la plupart des mortels sont totalement désarmés sans leurs masques, leurs poudres de perlimpinpin et les mensonges qu'ils se racontent à eux-mêmes et qu'ils arrivent à faire gober au monde. La nudité armée d'Athéna est un pouvoir d'authenticité, de pureté, de protection et d'alignement pour soi, mais également un moyen de percer les défenses bancales de ceux qui s'attifent de déguisements. Athéna se méfie énormément des accessoires. Ainsi, elle sait réclamer à Aphrodite elle-même, lors du jugement de Pâris, la nudité totale afin qu'elle n'influence pas le jeune berger à l'aide de sa ceinture dorée persuasive. Athéna pense certainement que vous devez être encore debout, vivant, entier, armé, même sans rien. Travailler avec Athéna sera ainsi extrêmement différent du cheminement avec Aphrodite. Athéna est bien plus austère et minimaliste tandis qu'Aphrodite est opulente et gourmande. L'inversion les concernant est savoureuse, car Aphrodite n'a de cesse de caracoler nue tandis qu'Athéna est en tout temps cuirassée, pourtant, dans l'essence, c'est Aphrodite qui est recouverte et Athéna à nu.

Athéna n'apparaît nue, principalement, que sur les œuvres fantasmées des peintres, mais la mythologie est formelle, nul ne sort entier de la vue d'un tel spectacle. Sans doute est-ce un avertissement par effet miroir. Nul ne verra la divinité nue sans être capable de faire preuve, à parts égales, d'une nudité aussi vierge et guerrière que celle de la fille de Zeus, sous peine de perdre les sens. Voilà de quoi décourager les espoirs les plus téméraires de se prendre un jour en selfie à côté d'une Athéna toute chair dehors !

Athéna évoque un savant mélange d'invincibilité et d'authenticité nue. Il est commun de se croire vulnérable en se montrant parfaitement dénudé. Athéna prouve que l'alignement de la vierge guerrière permet un dépouillement protégé et inviolable. Elle enseigne la nudité intouchable et explosive que seuls les fous oseraient profaner.

Les Muses associent leur virginité à une « faiblesse », quelque chose qui les « intranquillise ». Pourtant, elles qualifient Athéna de « courageuse », elle qui est encore plus célèbre pour sa virginité. La virginité d'Athéna est-elle alors différente, hors du commun, inédite ? Elle ne craint pas la violation et malgré tout, elle peut la rencontrer. Son immunité est liée à sa résilience guerrière. Quand les autres ont peur à cause de leur virginité, Athéna inspire la terreur chez quiconque serait confronté à elle. Sa réputation la précède. Sa virginité la garde.

L'armure de la vierge guerrière est indissociable de sa peau. Le Gorgonéion est, bien sûr, la pièce maîtresse de l'ensemble, tête décapitée de Méduse apposée tantôt sur son bouclier, tantôt sur l'Égide. Ce bouclier organique, métaphore des blessures d'Athéna-Méduse, prouve à quel point l'armure d'Athéna est vivante. C'est une arme dissuasive, psychologique, utilisée pour terroriser, affaiblir et frapper de stupeur, directement héritée de son père et améliorée par sa propre expérience. Le reste de son armure est réputé avoir été forgé par Mètis elle-même afin qu'Athéna naisse dûment cuirassée. Mètis la forgeronne s'allie alors à Zeus l'athanor dans une inversion intéressante des polarités. Le casque d'Athéna arbore parfois un magnifique Sphinx et sa lance est l'atout offensif et précis de l'ensemble. C'est à bord d'un char de flammes qu'elle part en guerre, munie de son armure, qui lui garantit une allure toujours imposante.

La déesse guerrière, bien que lourdement armée, reste toutefois toujours féminine et arbore en permanence sous le métal, une robe magnifique brodée par ses soins, détail qui peut sembler incongru dans le portrait-robot d'Athéna, mais qui souligne sa complexité et sa complétude.

Regard et intelligence

J'ai véritablement commencé à comprendre toute la complexité d'Athéna quand elle m'apparut sans armes. La scène eut lieu au sein d'une méditation faisant suite à un tirage de tarot où je faisais intervenir à la fois Aphrodite et Athéna. J'interrogeais Aphrodite et lui demandais de me définir Athéna par une carte. Elle m'offrit la Reine d'Épée. La cohérence de ce choix m'apparut pointue et correspondant bien à l'image qu'Athéna renvoie. La Reine d'Épée est son identité ressentie par les autres, la souveraine intellectuelle à l'esprit tranchant et aux décisions sages et mesurées, ayant essuyé les souffrances qui éveillent et permettent d'ouvrir un œil conscient et combattif sur le monde. Toutefois, je ne comptais pas m'arrêter à cette image. Je demandais alors à Athéna de se définir avec une carte, en prenant soin de replacer la Reine d'Épée dans le paquet, au cas où le choix d'Aphrodite s'avérerait également juste pour retranscrire l'intériorité de la déesse guerrière. Athéna m'offrit le Page de Coupe, me désarmant totalement. J'eus alors besoin de la voir dans cette énergie pour la comprendre et mieux l'appréhender, sa carte de vérité vécue de l'intérieur évoquant une candeur et une tendresse bien éloignées de la Reine relativement froide, précédemment mise en avant.

Le voyage méditatif fut statique. Je me trouvais dans une grande tente luxueuse mais assez simplement aménagée, comme appartenant à des membres de la royauté sur un campement de guerre. L'aménagement sommaire me semblait cependant confortable et chaleureux. La lumière tamisée et le lourd silence m'indiquaient que nous étions au beau milieu de la nuit. L'aspect nocturne de la déesse était en majesté. L'ouverture de la tente, légèrement sur ma gauche, frémit et laissa apparaître une jeune femme blonde, presque une fille. Son apparence douce, faussement délicate contrastait fortement avec la maturité incongrue qui se devinait dans sa prestance. Elle ne portait rien d'autre qu'une longue robe blanche brodée et ceinte d'or à la taille, les épaules recouvertes d'une cape aux tons terreux pour affronter le froid de la nuit. Pas de casque, pas de lance, pas de bouclier. Elle m'adressa un sourire timide comme pour me demander l'autorisation de s'assoir face à moi. J'avais pourtant l'impression d'être chez elle. Sa prévenance m'amusa et me toucha énormément. Mon consentement silencieusement et totalement acquis, elle retira sa cape, découvrant ses épaules gracieuses, puis prit place sur le siège qui, de toute évidence, n'attendait qu'elle. Son premier geste, une fois qu'elle fut installée, fut de me prendre les mains, le regard plein de sollicitude. Nous avons alors communiqué sans prononcer un seul mot. Elle ne fit que me regarder, plongeant ses grands yeux verts dans les miens et ce fut comme recevoir, d'un coup d'un seul, la fibre à très haut débit. Athéna peut bouger et utiliser différentes parties de son corps, mais ce sont ses yeux qui prennent la parole en stéréo. Chaque geste a son regard.

J'étais hypnotisée par deux choses, ses fameux yeux et ses cheveux. Le vert de ses yeux était si clair qu'il semblait presque transparent, mais son regard portait une telle intensité et une telle profondeur que je peinais à le soutenir. Je ne parvins pas vraiment à la regarder dans les yeux de façon continue. L'intelligence de ce regard me brûlait. J'y sentais une compréhension pointue à l'égard de mes plus intimes tourments. Ces yeux étaient chargés d'un réconfort accablant. Ils me transperçaient de part en part. Je me sentis soudain d'une nudité d'âme absolument inédite, comme étrangement écorchée sous le feu de ces yeux et en même temps, je sus que j'étais profondément comprise, résolument soutenue. La douceur qui auréolait ce brasier menthe à l'eau m'insufflait une force nouvelle, une véritable endurance. Athéna me réchauffait de ses yeux-flambeaux.

Un autre détail troublant me laissa très intriguée. Sa longue chevelure dorée et gaufrée était parsemée de bandelettes noires tissées, cachant de grosses mèches de cheveux... Ou peut-être des serpents ? Je la vis alors sourire en coin avec finesse. Elle comprenait mes déductions à propos de ses yeux et de ses cheveux. Elle savait que je savais.

Athéna est Méduse. Méduse est en Athéna. Et face à l'Athéna décontractée et dévoilée, je me sentais honorée. Malgré l'absence d'armure, je savais que l'armement d'Athéna était tout entier face à moi : cette intelligence atomique capable de pulvériser n'importe quoi.

Je compris dans cet échange, les mains dans celles de la déesse, qu'Athéna savait offrir un espace d'intimité réconfortante à ceux qu'elle se choisit, que la vierge guerrière réservait son aspect Page de Coupe à qui ne profanerait pas sa loi. De plus, ses mains me transmirent un autre élément électrisant. Athéna, par son expertise de tisseuse, était protégée par le Destin, les Moires. Athéna la tisseuse, plus anthropomorphe que les trois sœurs énigmatiques décidant du sort des vies humaines, portait en elle une extension de ce pouvoir lié au Destin. Sans doute Athéna porte-t-elle un destin plus pratique, des champs d'application précis. Sa propension à porter l'héroïsme, à activer la narration personnelle pour se réaliser dans le monde fait d'elle une travailleuse du Destin qui a le mérite d'être proche de nous et de nous faire parvenir l'énergie que Clotho, Lachésis et Atropos gouvernent. En ce sens, je ne pouvais que voir en ce Page de Coupe la capacité d'Athéna à porter l'énergie en elle, à se faire messagère dimensionnelle pour une force plus grande.

Dans ce moment de proximité avec Athéna, je ne vis ni olivier ni chouette, pourtant considérés comme les alliés sacrés de la vierge guerrière. Cependant, je savais qu'il s'agissait bien d'elle. Au-delà des attributs évidents et célèbres, l'énergie que l'on peut ressentir au contact direct d'une divinité est tout aussi importante, voire plus significative, dans la construction d'un chemin dévotionnel ou initiatique. Il suffit d'oser aller à sa rencontre.

Sagesse animale

Athéna peut, bien évidemment, être associée à de nombreux animaux alliés. Lorsque l'on observe ses liens, par exemple avec Poséidon, Arachné ou Murmix, il est possible de la voir dans le monde équestre en tant que dompteuse ou en rédemptrice sévère armée de la sagesse miniature de l'araignée ou de la fourmi. Arachné porte une essence sombre et initiatrice reprise dans différents courants de la voie de la main gauche, notamment en tant que gardienne du labyrinthe, chaque fil tissé pouvant être vu comme un couloir initiatique menant au centre de la toile. Ainsi, l'arbre qliphothique peut être perçu comme une toile dont les couloirs sont les fils d'Arachné. Comme avec Méduse, Athéna n'est pas directement notre guide sombre sur ce type de cheminement. Elle se cache derrière sa sagesse animale. Il sera ainsi possible de s'en remettre à la sagesse arachnéenne d'Athéna pour travailler sur des thématiques comme le tissage du destin, l'écriture prophétique ou l'équilibrage de la notion d'humilité. En s'en remettant entièrement à Arachné, sans le filtre de droiture d'Athéna, les faces sombres et chaotiques de ces initiations risquent de ressortir. Cela ne veut pas dire qu'elles sont proscrites. Il est toutefois important de faire la part des choses entre ce qui appartient à Athéna et ce qui découle d'elle tout en s'en désolidarisant. Arachné est donc une création autonome d'Athéna. Elle n'est pas Athéna elle-même.

*

* *

Le papillon est un animal intéressant et peu cité comme faisant partie des cieux de la déesse sage. Athéna participe pourtant à la création de l'humain, nous apportant le souffle de vie sous la forme du papillon, symbole de Psyché, autrement dit l'âme animant le corps. Alliée à la dextérité de Prométhée qui nous a façonnés dans l'argile, elle peut nous faire réfléchir sur la séparation que l'homme expérimente face au règne animal. N'est-ce pas le souffle civilisateur et sophistiqué d'Athéna qui nous a élevés à être distinct du sauvage ? Athéna nous en extirpe pour forger notre humanité. Toutefois, l'animalité est particulièrement présente dans ses alliés les plus emblématiques. La sagesse animale d'Athéna est alors sublimée à travers ses animaux de pouvoir et tous portent une subtilité véhiculant ses valeurs profondes, évidentes ou cachées.

*

* *

La chouette est l'animal phare de la déesse de la stratégie guerrière. Oiseau de proie nocturne à la vue remarquable, ce volatile traduit certaines caractéristiques de la déesse elle-même. La vision acérée permettant à la chouette de se repérer la nuit est l'œil d'Athéna, à l'énergie lunaire, qui perce tout type de ténèbres. Elle peut se fondre dans le plus obscur et y naviguer sans encombre. À la différence de l'œil solaire de son frère Apollon, Athéna a un œil froid qui a le pouvoir de glacer, geler sur place. Il n'en est pas moins performant. Cet œil est aiguisé comme une lame. Il porte la sagesse de la Reine d'Épée.

Athéna n'est pas liée qu'à la chouette parmi les volatiles, elle a une histoire marquante avec la corneille, originellement blanche dans les mythes grecs avant d'être punie et colorée en noir par Apollon. Ainsi, la corneille portait l'essence de la pureté et de la virginité chères à Athéna. C'est d'ailleurs Athéna qui sauve Coronis des avances de Poséidon en la changeant en corneille, expliquant l'idée répandue selon laquelle Coronis serait Athéna elle-même, tout comme Méduse se superpose à la vierge stratège. De plus, Coronis est la mère d'Asclépios avec qui Athéna entretient un rapport particulier à travers la médecine liée à Méduse et au serpent.

Les oiseaux sont amis d'Athéna, même si la chouette occupe la place principale. Cependant, le corbeau finit par être chassé de la cour des volatiles servants d'Athéna à cause de sa propension à la délation. En effet, c'est le corbeau qui tente de rapporter à Athéna la désobéissance des filles de Cécrops quand ces dernières ouvrent le coffre dans lequel Athéna a caché Érichthonios, son fils adoptif, né du sperme d'Héphaïstos, confié au ventre de Gaïa. Athéna montre ce qu'elle valorise : l'honnêteté, mais en aucun cas avec une volonté de nuire, dénoncer, avilir, colporter, médire. Le corbeau chassé par Athéna manque de la sagesse de la chouette. Athéna, par sa magie volatile, entretient le principe de vérité, de justesse et de droiture et, bien qu'elle puisse être carnassière, elle fuit les bassesses, les vengeances et la jouissance face au malheur.

*

* *

Le sang-froid d'Athéna se retranscrit le mieux à travers l'animal qui, à mes yeux, est le plus important à ses côtés, bien qu'extrêmement occulté au profit de la chouette. Le serpent, porteur de connaissance et de feu alchimique, est un messager estimé d'Athéna. On le retrouve sur la tête de Méduse et sur le corps d'Érichthonios qui est à moitié serpent en dessous de la taille. Le lieu de naissance d'Athéna, le jardin des Hespérides est réputé pour être peuplé ou gardé par des serpents ou dragons. La Libye qui lie les origines des deux femmes divines apparaît alors comme terre des serpents dans leur genèse. Le serpent est également omniprésent dans l'Acropole athénienne mythique. Érichthonios est celui qui aurait érigé le Parthénon, et ses nourrices, filles de Cécrops – lui-même à demi-serpent et premier roi d'Athènes –, en deviennent les premières prêtresses. Le serpent porte la sagesse originelle d'Athéna, accroissant d'autant plus les questionnements sur la nature de Méduse en tant que version ancienne d'Athéna elle-même.

À la naissance d'Érichthonios, Athéna l'enferme dans un coffre sacré à base de rameaux de ciste, plante dont on tire le labdanum, gomme au parfum animal que l'on pourra utiliser dans notre dévotion pour honorer cet aspect de la déesse. Les trois filles de Cécrops reçoivent le coffre scellé des mains d'Athéna avec l'interdiction de l'ouvrir. C'est Aglauros qui aurait enfreint l'interdiction, conduisant les trois sœurs à la folie et au suicide, en se jetant du haut de l'Acropole. La vue de l'enfant-serpent aurait été insoutenable pour les mortelles. J'y vois personnellement une allégorie concernant la montée trop soudaine de la kundalini, l'éveil spirituel non maîtrisé qui, au lieu de conduire au divin, percute une paroi intérieure du corps pour mener à la démence. Ainsi, les interdictions d'Athéna portent une notion de préservation. À la suite de la perte des trois prêtresses, Athéna élèvera l'enfant elle-même. Ainsi, Athéna a cherché par différents moyens à externaliser, cacher et confier son serpent, sagesse instinctive et sexuelle inconvenante pour sa virginité. Elle demande à Gaïa d'en être la mère porteuse, au coffre de ciste d'en être le voile opaque, et aux filles de Cécrops d'en être les mères de substitution. Elle finira par incarner pleinement cette maternité qu'elle rejetait, son serpent intérieur étant bien trop vivace pour les mortels et réclamant son attention directe. En emmenant l'enfant-serpent dans son sanctuaire, Athéna accepte pour la première fois son aspect nourricier. Ainsi, elle n'embrasse pas l'acte charnel menant à la maternité, mais elle finit par en accueillir le fruit. L'aspect maternel d'Athéna se traduit sur des poteries antiques où la déesse reçoit l'enfant dans ses bras, l'Égide cachée dans le dos pour ne pas l'effrayer, la douceur et l'accueil dans sa posture évoquant davantage l'attitude d'une déesse comme Héra. Érichthonios sera éternellement placé sous l'égide d'Athéna et saura célébrer sa divine mère en inventant les Panathénées en son honneur, grand festival dédié à Athéna, à Athènes, ayant lieu tous les quatre ans. Érichthonios, également appelé « Érechteus », porte dans son nom la racine évoquant la terre, le chtonien, ancrant Athéna à un royaume qui ne lui semble pas si familier habituellement. Le serpent porte la sagesse terrestre, voire infernale et donc sexuelle, qu'Athéna tient à prudente distance, mais qu'elle finit par maîtriser en la compartimentant, principalement à travers Méduse.

L'épisode de la naissance d'Érichthonios avait son propre rite à Athènes et était célébré au solstice d'été. Il portait le nom de l'« Arrhephoria ». À cette occasion, deux jeunes filles appelées « Arrhephoroi », ayant passé l'année dans le sanctuaire, descendaient du sommet de l'Acropole avec un coffre au contenu inconnu confié par la prêtresse. Elles passaient par les jardins d'Aphrodite jusqu'au point le plus bas de l'Acropole pour y échanger le contenu du coffre contre autre chose. Ce rite hautement symbolique semblait réunir Athéna et Aphrodite à travers la nature sexuelle cachée de la déesse vierge, son serpent occulté pour remonter dans les sommets avec une matière sublimée, l'instinct enterré dans les profondeurs et échangé purement et simplement. On peut également y voir la passation de ventre entre Athéna et Gaïa afin que la déesse vierge ne se charge pas elle-même de la gestation de son enfant. Dans tous les cas, le serpent y transparaît comme une force à la fois taboue et centrale, arborée par Athéna comme un allié mystérieux.

Théonyme

Le nom d'Athéna est intrinsèquement lié à l'éther, cinquième élément, « *Aither* » en grec, qui est lui-même une divinité primordiale du panthéon. Cela rattache Athéna à la partie la plus céleste et élevée des cieux. Cet aspect élevé se retrouve dans le siège de sa naissance, la tête d'un dieu ayant l'autorité suprême dans les cieux. Ce lien à l'éther est important dans la compréhension de la vibration que portent son théonyme et, par la suite, ses épithètes et l'énonciation de ses attributs.

Une autre composante du nom d'Athéna, en plus de l'aspect élevé et éthéré, est l'aspect immortel « Athanatos ». Athéna la tisseuse est liée aux tisseuses du destin, les Moires, au nombre de trois : Clotho, Lachésis et Atropos. Atropos, celle qui apporte la mort en tranchant le fil de la vie que ses sœurs tissent et répartissent, est celle qui permet de comprendre un peu plus justement cette essence immortelle d'Athéna. Sur les gravures du Parthénon représentant la naissance d'Athéna, Atropos se détourne, nous renseignant sur l'aspect triomphant d'Athéna, intouchable même par la mort. Niké, la victoire, sur le fronton est du monument, retient Atropos et semble lui demander d'accepter la victoire d'Athéna sur la mort. Athéna est donc supérieurement immortelle parmi les dieux. Son fil ne saurait être rompu. Elle tisse à l'infini.

« Athanatos », l'immortelle Athéna, porte un pouvoir et une vibration forte pour comprendre la déesse, son lien au Destin et donc à la trame héroïque qu'elle offre aux humains.

Zeus qualifie Athéna de « ramasseuse de butin », liant sa fille aux retombées de la victoire guerrière. Elle est aussi caractérisée par la taille et les inclinations de son cœur. Ainsi, Athéna est « grande de cœur » tout comme elle est « inflexible de cœur ». Son rapport à la guerre, sa sagesse et son intelligence ne seraient effectivement rien sans ce cœur qui est la première chose qui m'a saisie chez cette déesse qui s'est définie comme un personnage de Coupe avant tout et non pas d'Épée.

On peut qualifier Athéna, en comparaison avec son père, de « fille de Zeus porte-Égide » ou « celle qui secoue l'Égide ». Elle est la fille invincible de Zeus, la déesse « née de la tête de Zeus ». Tous ces qualificatifs en rapport avec son père attestent du lien expansif de la déesse à celui qui la chérit le plus. Ce lien indéfectible me porte à célébrer Athéna le jeudi, par correspondance avec Jupiter, la planète de Zeus, et non pas le mardi en lien avec Arès, qui représente une guerre bien différente de celle qu'Athéna porte en elle.

Les épithètes d'Athéna sont nombreuses. *Athéna Parthénos* est l'une des plus usitées. C'est l'Athéna vierge. On appelait notamment « parthénos » les vierges de la mythologie qui fuyaient les avances des dieux et finissaient bien souvent attrapées, violées et fécondées.

Athéna Tritogeneia est celle que l'on nomme par rapport à sa provenance, le lac Triton ou Tritonis. Elle est remise dans le contexte de sa naissance et liée à l'eau et à la lignée de Poséidon. C'est donc une Athéna ancienne, pure et aquatique.

Athéna Polúmètis est celle qui est pourvue de mètis, héritière de l'ADN de sa mère. C'est une Athéna particulièrement stratège, intelligente, rusée. Cet aspect d'Athéna est très porteur pour se tirer de toutes sortes de situations compliquées.

Athéna Keleútheia, du bon départ, est celle qui, au départ d'une course, d'une compétition ou d'un duel, prévoit le déroulement, analyse tous les facteurs et s'adapte en conséquence pour gagner. Elle permet de tout comprendre sur un terrain miné : le factuel, l'intuitif, le masculin, le féminin, l'auspicieux comme le déstabilisant. Elle est celle qui, dès la première seconde dans un environnement, peut tout en déchiffrer et s'y adapter pour triompher. Cela fait appel à son intellect surpuissant, mais également à son intelligence émotionnelle de page de coupe. *Athéna Keleútheia* ressent, comprend, anticipe et communie avec l'espace émotionnel de l'autre, ce qui lui permet une analyse fine, en apparence froide.

Athéna Glaukôpis, au regard brillant de chouette et *Athéna Oxuderkés*, à l'œil aigu, sont des exemples de celle que l'on qualifie de « porteuse d'yeux pers » ou « perçants ». Il est dit qu'Athéna a les yeux gris, bleus ou verts, toujours clairs pour évoquer son clair regard perçant les ténèbres. Ces yeux lui permettent de voir de nuit, voir ce qui est invisible et donc de comprendre l'incompréhensible. Athéna perce le voile entre les mondes et met facilement tout à nu.

La sagesse animale d'Athéna mêlée à sa domination sur Poséidon se retrouve en *Athéna Hippía* et *Chalinîtis* (« au mors ») en ce qui concerne le domptage du cheval ou *Athéna Aithuia*, pour l'oiseau marin. Ces épithètes peuvent être intéressantes à appeler pour travailler face à l'adversité, les terrains difficilement maîtrisables ou inhospitaliers.

Athéna Ergane est la patronne des artisans. Elle est à la fois artiste et manuelle et fait le lien entre toutes les formes d'intelligence qui permettent la création et la mise en pratique. C'est une grande Athéna de réalisation et d'inspiration. L'ergane est également le nom d'une araignée sauteuse, rappelant une autre corde à l'arc de sagesse animale athénien. Ainsi, on pourra faire appel à elle pour le tissage et tout ce que cela implique comme symbolisme.

Athéna Promachos est la combattante, la championne, celle qui charge en première ligne sur le champ de bataille. Elle est la guerrière par excellence et insuffle le courage et la résistance nécessaires pour aller au front et tenir bon face à l'adversité.

Athéna Chalkioikos « à la maison de bronze » était révérée à Sparte comme celle qui est armée, revêtue du métal des guerriers. C'est l'Athéna en son temple, son sanctuaire de métal, étincelante dans sa nudité armée ou sa protection infranchissable, paradoxe alchimique qui traduit l'impénétrabilité de celle qui est née dans cette maison de bronze.

Athéna Niké ou *Niképhoros* est la victorieuse ou porteuse de la Victoire. C'est celle qui porte la personnification même du triomphe dans sa main, où qu'elle aille. Les rois de Pergame élurent précisément cette Athéna comme leur protectrice. C'est donc une Athéna qui préserve la souveraineté.

Athéna Poliade est celle qui défend les valeurs démocratiques. C'est une Athéna très impliquée dans la cité et la vie humaine.

Athéna Hygieia est celle qui promeut la bonne santé, liée à la médecine et au bien-être, mais également à la propreté, la pureté, la bonne condition énergétique et physique pour assurer un bon alignement. Elle peut être rattachée à la médecine d'Asclépios.

En s'adressant à une divinité, ce n'est pas tant le fait de réciter docilement son nom qui assure de se connecter correctement à son essence et, éventuellement, d'obtenir une réponse, que de comprendre intellectuellement, émotionnellement et surtout énergétiquement le nom que l'on prononce. Le nom du divin est bien plus qu'un nom. Prononcer ce nom, l'appeler, développer une intimité avec lui est tout un exercice et une pratique en soi, de compréhension profonde de la divinité et de compréhension de soi par rapport à ce nom. Prononcer le nom est aussi le faire vibrer, et, éventuellement aller jusqu'à le faire rayonner à travers notre incarnation, l'inviter dans une dynamique d'invocation et donc d'intimité supérieure avec la divinité en question. C'est pourquoi je vois la dévotion comme un processus sacré et intime qui ne peut pas imposer de cadres vides de sens. Il convient de se forcer à se poser les bonnes questions afin de ne pas tomber dans l'écueil de la ritualisation automatique et dépourvue d'esprit. Tout comme le divin est le point au centre du cercle, dans le symbole alchimique du soleil, l'esprit ne répondra pas correctement si vous suivez à la lettre des modes d'emploi sans trouver la vibration divine. C'est toujours le centre du cercle qui primera. Ainsi, je préfère énoncer les noms d'Athéna, ses épithètes et attributs comme des éléments à réfléchir et intégrer avant d'aller les scander sans rien avoir ressenti dans le cœur ou l'âme. Pour appeler Athéna, il n'y aura donc pas de « vous devez ». Il n'y a que des « vous pourrez ». Votre intelligence spirituelle fera le reste du chemin après avoir froidement pris en main les mots porteurs de sens. L'intelligence spirituelle est une notion chère à Athéna qui permet de converser avec elle avec aisance.

Expertises

Athéna est connue pour différentes compétences et plusieurs domaines d'expertise. On la qualifie de déesse de la sagesse et de la stratégie guerrière, mais aussi de patronne des artisans, et d'inventrice de génie. Quel que soit le domaine de compétence d'Athéna, tout participe à porter sa vision guerrière. Ainsi, son intelligence et son habileté sont des moyens d'accomplir son Grand Œuvre guerrier.

Meneuse

En tant que cheffe de guerre, grande stratège, mais également dompteuse de chevaux ou navigatrice, elle montre ses qualités de meneuse, de conductrice décidée que l'on a envie de suivre. Elle inspire force et confiance pour aller de l'avant par soi-même ou avec elle. Athéna n'est jamais trompeuse avec qui entretient une relation qualitative avec elle. C'est une déesse droite, et sa rectitude en fait une guide de choix, dans le sens premier du terme.

Son regard est important dans sa faculté à guider l'humain ou le héros. Elle est une déesse vigilante qui garde l'œil ouvert afin d'exercer au mieux le pouvoir de son œil perçant. Elle n'a pas passé, cependant, le même accord que son père Zeus avec Hypnos pour ne jamais dormir. Sa vigilance est un choix, un engagement. Elle fait l'effort de porter son regard en avant pour ouvrir le chemin. Cela en fait une déesse particulièrement attentive et dédiée à l'initiation.

Sa voix participe à guider, inspirer, porter. Son célèbre cri de guerre, terrifiant dès la naissance, permet d'ébranler le décor, les circonstances, les potentiels revers ou opposants. Elle porte en elle un ciel divin rugissant, immense, infini. La voix d'Athéna est d'ailleurs faite d'airain. Ce cri est comme la lame de l'épée, à double tranchant. Il est offensif envers l'adversité, mais il porte l'être protégé par la déesse. Cependant, Athéna ne fait pas que couver l'initié, elle lui prête ses armes, dont elle est pourtant inséparable. Elle élève, fait confiance et inspire cet esprit guerrier qu'elle porte en elle. C'est une déesse généreuse qui se risque à laisser l'humain œuvrer au son de sa voix sans faire preuve d'ingérence.

Mener les autres induit de compartimenter de façon intelligente ses jugements. Athéna guide à l'aide de son cœur et elle fait don d'elle-même, cependant, elle n'abat pas sa garde pour autant, ce qui fait de son intelligence une force souple capable de gouverner comme Zeus ou de tromper comme Aphrodite.

L'intelligence d'Athéna soulève les armées, charme les chevaux et fait voguer les navires. C'est une force qui porte vers l'avant. Elle conduit avec doigté, prestance et détermination. Cette faculté à guider vers un but permet l'accomplissement. Ainsi, Athéna nous permet de nous approvisionner en diverses récompenses à travers l'idée qu'elle met en action de A à Z.

C'est Athéna la meneuse, la conductrice, la pilote et la dompteuse qui enseigne à l'initié à étudier son parcours, prévoir les obstacles et éventuellement rectifier pour l'avenir la trajectoire à suivre à l'aide des précédents aléas du parcours.

Artiste et inventrice

Athéna est une patronne des arts, quels qu'ils soient. Elle sait conceptualiser, comme mettre en œuvre, et bénira autant les œuvres de l'esprit que celles provenant des mains, offrant une passerelle directe et noble entre les deux. Tout le processus, de l'idée jusqu'à la concrétisation, est sacré pour Athéna. L'invention est une de ses grandes prouesses. Elle inspire le génie. Cependant, Athéna n'associe pas seulement le génie à l'idée, elle aime le bel ouvrage, né d'un processus complexe entre intangible et mise en pratique.

L'intelligence et la sagesse d'Athéna sont les alliés de l'artisan, qui sera inspiré inlassablement par la fille de Zeus. Athéna a de multiples dons permettant d'accoucher de choses concrètes. Elle file, tisse, brode, travaille le bois, invente des instruments, guide le potier, bénit les belles œuvres. Elle ne distingue pas art et artisanat, invention et travail manuel, intellect et concret. Athéna est une protectrice des travailleurs, sans caste ni hiérarchisation. Elle allie, à travers les arts, le cœur, l'intellect, le corps. Son intelligence est technicienne autant que magicienne. Son essence est débrouillarde, car elle encourage à maîtriser toutes les étapes d'une mise en œuvre. Se salir les mains est obligatoire après avoir longuement caressé une idée.

Sa magie d'invention permet de transformer les énergies brutes, sauvages, désorganisées en compositions utiles. L'invention d'objets met ainsi à l'œuvre le regard perçant d'Athéna qui voit, avant la finalisation, ce que pourra devenir un matériau. Elle détient, par conséquent, un puissant pouvoir de technologie, de créativité, de conceptualisation et d'ordre. La créativité d'Athéna est puissamment ordonnée. Elle est tout sauf un flou artistique.

Artiste et mécanicienne, elle aime particulièrement le travail direct sur les matières comme le tissu, la terre cuite ou le bois, mais elle ne boude pas les œuvres plus abstraites comme la littérature ou la poésie. Elle instruit autant qu'elle guide et ses propres mains bénissent l'initié en plein ouvrage. C'est pourquoi il existait des chansons dédiées à Athéna chez les potiers, telles des prières alchimiques lui demandant d'étendre ses mains au-dessus de l'œuvre dans le four pour indiquer le moment où la cuisson était idéale et pour écarter les dégâts potentiels qui viendraient troubler le résultat voulu. Athéna ne protège pas que l'ouvrage, mais également l'ouvrier, tout comme elle porte les héros. Elle permet aux travailleurs du bois, qui manient des outils potentiellement dangereux, comme les bûcherons, les charpentiers, les constructeurs de chars ou de navires, de ne point se blesser dans l'exercice de leur art. Toutes les étapes sont supervisées par son œil de chouette vigilante.

En tant que patronne des travaux textiles, elle permet de transformer et d'anoblir tout type d'étoffe, de découper, d'assembler, de broder. Elle est celle qui confectionne ses propres robes, mais également celles d'autres divinités. Ainsi, elle est bien connue pour les créations dont elle a pu habiller Héra ou Pandore.

Son esprit inventif est particulièrement marquant dans la conception d'instruments de musique. C'est elle qui imagine la trompette et la flûte à deux tuyaux censée reproduire le son des pleurs des sœurs de Méduse. Parfois, les instruments conceptualisés par Athéna visent à imiter le son des oiseaux, rappelant sa sagesse liée aux volatiles. Ce n'est pas un hasard qu'Athéna soit celle qui nous donne le souffle de vie quand Prométhée nous conçoit, puisqu'elle invente, à bien des reprises, divers instruments à vent. À travers sa créativité et son génie, Athéna nous donne du souffle, une envie de vivre, de respirer pleinement en s'investissant dans les ouvrages de la vie.

Esprit d'analyse

L'intelligence d'Athéna est nourrie par son regard analytique. Ses yeux ont le pouvoir de tuer et de figer, à travers le Gorgonéion, mais également sa lucidité. L'œil de bronze et la voix d'airain de la déesse sont guerriers et permettent d'anéantir l'adversité par l'intelligence. Son œil lumineux attaque le « mauvais œil » tandis que son œil sombre détruit la bassesse. L'esprit d'observation et d'analyse qui permet à Athéna de tirer les bonnes conclusions pour agir fait d'elle une stratège de haut vol, raison pour laquelle elle est liée à la guerre. Sa lucidité cinglante décourage, désosse intégralement la fausseté de tout usurpateur, la déviance de tout agresseur. Elle rend la déesse quasiment imprenable. Athéna est suprêmement menaçante grâce à sa compréhension absolue et foudroyante qui perce autrui pour ne jamais se laisser assaillir. La lucidité d'Athéna garantit qu'il n'y ait aucune paroi à laquelle s'accrocher pour la prendre d'assaut.

Je vois personnellement Athéna comme une déesse des surdoués, une divinité des potentiels supérieurs, impliquant non seulement une intelligence dite froide, mais également une connexion avec l'émotionnel et l'énergétique. Ainsi, Athéna est porteuse d'une éthique qui prend en considération tous les facteurs du spectre de l'intelligence et c'est en ce sens qu'elle est supérieurement sage. Cette intelligence vive la rend allergique à la médiocrité et à la lâcheté, et c'est pourquoi elle est d'un grand soutien envers l'héroïsme.

Athéna n'incarne pas la guerre furieuse d'Arès précisément parce qu'elle est si intelligente, et ce, à 360 degrés, toutes les composantes de son être et de son intériorité participant à sa compréhension et ses prises de décision. Elle est, sous son apparence calme et composée, cependant redoutable et susceptible de jaillir, explosive, dopée par ses saillantes déductions. Prête à attaquer, toute intelligence dehors, elle sera tel un char d'assaut vivant possédant un quotient intellectuel d'un million, lancé à une vitesse fulgurante contre l'oppression avec la force d'un astéroïde prêt à pulvériser une planète tout entière. Son intelligence émotionnelle ne la rend pas molle, bien au contraire. Elle la rend impitoyable, car elle a la faculté de comprendre les motivations d'autrui, et certaines zones grises provoqueront chez elle des jugements tranchés afin d'assurer la protection absolue de ce en quoi elle croit. Athéna nous apprend que l'empathie doit être une force, mais jamais une arme à fournir à autrui afin de se faire soi-même empaler. C'est là que naît le mythe de son intelligence froide alors qu'elle est éminemment grande de cœur.

Chapitre 4
Souveraineté et territoire

La souveraineté d'Athéna, non conventionnelle, est fortement rattachée à son lien au territoire. À travers sa place et son importance dans l'Attique et plus particulièrement à Athènes, nous pouvons comprendre la grandeur de cette déesse dans le cœur des humains qui ont foulé ce sol grec durant l'Antiquité. Cette ferveur n'est cependant pas morte et certainement pas cloisonnée à Athènes. Athéna nous invite à partir à la rencontre de notre souveraineté et nous encourage à tisser des liens forts avec notre territoire. Pendant ma grossesse, alors qu'elle m'inspirait pour la première fois consciemment, elle a fortement orienté mon choix de destination pour déménager. À l'époque, je devais subir une opération dans le sud de Paris, mais mon médecin ne parvint jamais à contacter la chirurgienne qui était censée me prendre en charge. Je finis par être redirigée vers la banlieue parisienne, à un endroit qui m'appela fortement pour y élire domicile. Aujourd'hui, mon travail avec mon territoire est si riche et lié à la guerre et à la souveraineté que je comprends pourquoi les événements se sont déroulés ainsi. Je saisis également mieux, grâce à ce travail personnel de terrain, en quoi la place est terreau fertile de souveraineté et à quel point Athéna me ramène à la Maison, tout comme elle a aidé Ulysse dans cet important retour, hautement symbolique.

Souveraineté

Athéna est qualifiée de « souveraine guerrière » par Hésiode. Même si Zeus reste, officiellement, le roi indétrônable, on peut voir en Athéna une reine de terrain, une envoyée royale qui œuvre parmi nous. Athéna impose le respect et se fiche des titres. Elle n'a pas une couronne, mais un casque, et cela lui permet de ne jamais se faire fendre le crâne comme cela fut le cas pour son père. Sa tête sombre, Méduse, est, elle, couronnée de serpents et seule la décapitation a pu en venir à bout, tout comme il est coutume de couper la tête des souverains couronnés pour les défaire de leur pouvoir supposément divin.

Son influence sur Zeus laisse à penser qu'elle partage son règne, décidant, délibérant et désobéissant à loisir. Sa souveraineté est alors de fait et non pas de titre. Elle est libre, sans entraves. Athéna dirige les hommes et les dieux à travers sa sagesse et sa complicité sans faille avec son père. Sa droiture et son alignement la rendent juste et elle sait manier punitions et récompenses tout comme le font les souverains régnants. Athéna est la reine que personne ne soupçonne, discrète, rusée, incontestée. Son usage sage du pouvoir et de la puissance va de pair avec une éthique forte. Ainsi, elle inspire le respect et, parfois, l'impose tout en conservant ce fameux calme olympien qui, dans son cas, est particulièrement marquant.

Athéna déteste deux choses : le luxe et la tyrannie. Elle considère que ce sont les plus gros facteurs de perdition dans le gouvernement des peuples. Le luxe, domaine d'Aphrodite, est bien loin du dépouillement et de la raison d'Athéna. Il éloigne de la nudité honnête qu'elle cultive dans sa posture éthique. La tyrannie est l'antithèse de la démocratie qu'Athéna promeut. La déesse de la sagesse a en horreur l'autoritarisme. Les souverains ne doivent, en aucun cas, être autocentrés. Athéna espère des rois philosophes, des souverains alchimiques ! Elle veut voir la souveraineté œuvrer tout comme elle œuvre à transmuter la guerre en paix.

C'est Athéna qui crée, dans la pensée mystique, le tribunal de l'Aréopage sur la colline d'Arès, face à l'Acropole. Son attachement à la justice, à la démocratie et à la souveraineté légitime en fait une puissance porteuse et protectrice pour les peuples et cela explique sa fulgurante popularité et la fidélité de ses dévots, particulièrement dans l'Attique, mais, plus généralement, dans toute la Grèce Antique.

Athéna est connue comme celle qui place ses mains en signe de protection au-dessus des peuples, tout comme elle le fait au-dessus du four alchimique, et c'est précisément là l'image de sa souveraineté personnelle. Elle insuffle, après son père et sa lignée masculine, un nouvel ordre cosmique, elle qui a déjà donné le premier souffle à l'être humain prométhéen. Son ordre est discret, ne se proclamant pas ostentatoirement puissant ou détenteur de privilèges. Athéna ne se revendique pas comme souveraine. Elle l'est. Elle est reconnue, aimée et acclamée comme telle. Ses hauts faits et sa générosité parlent d'eux-mêmes pour la révéler en souveraine.

Athéna et le territoire

Le culte des divinités dépend beaucoup des aléas politiques de l'histoire. Les modifications du territoire sont soumises aux conquêtes et aux guerres. En ce sens, Athéna est une déesse de territoire de premier ordre. Son culte fut particulièrement mis en avant à Athènes par le tyran Pisistrate entre 561 et 527 AEC alors que les premières habitations de l'Acropole datent de 5000 AEC. Ainsi, même si Athéna rejette la tyrannie, paradoxalement, c'est un tyran qui imposa sa vision de la déesse sur son territoire dédié. La politique humaine échappe à son contrôle, mais elle l'influence tout de même. Ainsi, ce que l'on nous retranscrit d'Athéna ne pourra, toujours, qu'être rendu à travers le filtre du regard de nos prédécesseurs. Il nous appartient d'y discerner ce qui nous semble juste.

Athéna est mère de la cité. Déesse politicienne et civilisatrice, elle met ses domaines d'expertise au service des peuples et de leur territoire. La place est particulièrement importante pour Athéna, née de la tête de Zeus et présente, parmi les humains, sur les hauteurs d'Athènes. Et la place d'Athéna est bel et bien dans la société humaine, là où elle pourra avoir accès à l'évolution de la condition des citoyens, aux réformes, mais également à leur quotidien à travers l'artisanat et les savoir-faire auxquels elle préside au sein du foyer. Athéna n'est pas une déesse recluse dans son sanctuaire. Elle descend de ses hauteurs jusqu'à nous, dans la ville et dans la maison. À l'inverse, elle n'hésite pas à accueillir, quand elle ne rejoint pas l'humanité sur son propre territoire, en étant la déesse des suppliants et en offrant l'asile dans son sanctuaire. Ainsi, Athéna a conscience que le territoire n'est pas que tranquillité. Il peut être lieu de crise et d'urgence, champ de bataille. Elle crée l'espace pour soulager ceux et celles qui veulent souffler en terres amies. Athéna est créatrice de place.

Athéna se trouve dans l'axe parfait entre Olympe et terres humaines, déesse d'alignement entre divinité et humanité. Souveraine, mère et gardienne d'Athènes, elle est chaleureusement fêtée dans sa ville. Les grandes Panathénées, fête civique mythiquement créée par Érichthonios, étaient célébrées tous les quatre ans et permettaient au peuple de signifier sa dévotion sur son territoire dédié.

La place faite aux autres divinités est importante puisque la religion d'Athéna n'était pas monothéiste. Ainsi, dans votre propre culte, intégrer d'autres divinités qui vous tiennent à cœur dans son panthéon peut recréer de l'harmonie. Athéna laisse de la place aux autres sur son territoire. Zeus, notamment, avait une part importante dans la vie athénienne, mais significativement moindre en comparaison avec son prestige écrasant dans le reste du territoire. Bien que partagée, la place revient principalement à Athéna à Athènes. Elle y est la déesse unifiante, place normalement occupée par Zeus ailleurs en Grèce.

Lors des Panathénées, ayant lieu aux alentours de la fin juillet dans notre calendrier moderne, le lien entre le père et la fille était célébré à travers l'épisode de la naissance d'Athéna. *Hekatombaion* 28, soit le 28e jour suivant la nouvelle lune post-solstice d'été, était considéré comme le jour anniversaire de la déesse et donc le jour central du festival, qui s'étalait sur deux à quatre jours. D'un point de vue historique, les Panathénées furent établies en 566 AEC, fort probablement par Pisistrate. À cette occasion, on offrait un péplos à la sculpture en bois d'olivier de la déesse, rappelant par ce geste l'importance de garder Athéna vêtue. La procession comptait tous types de personnes, citoyens et étrangers, adultes et enfants, hommes et femmes, y compris des esclaves affranchis. Une hécatombe, le sacrifice d'une centaine d'animaux de troupeau, avait lieu en haut de l'Acropole avant de laisser place à des compétitions sportives, des courses de char et de régate ainsi qu'à des concours artistiques et de beauté masculine.

Par effet d'adoption symbolique, les Athéniens se sentaient héritiers de Zeus lui-même, considérant Athéna comme leur mère de choix et de cœur. Le travail sur le territoire d'Athéna est indissociable de Zeus puisque l'on voyait les deux divinités comme cofondatrices d'Athènes sous l'épithète *Archegetis*. Se relier à Athéna signifie célébrer son lien avec Zeus, sa place étant proche de son père. Ce n'est pas anodin que l'on salue particulièrement, lors des Panathénées, le soutien de la déesse guerrière au régime de son père à travers sa participation glorieuse à la Gigantomachie. Le territoire d'Athéna n'est pas que terrestre, il est bel et bien rappelé comme en partie olympien et donc lié à son père. La relation au père, ainsi que tout ce qui s'y rapporte, est un territoire énergétique fort à investir pour se relier à Athéna, que ce lien soit positif ou souffrant. S'y intéresser pour l'assainir ou le célébrer permettra de créer un pont entre vous et l'Olympe.

Le territoire n'est pas que celui du père et de la fille. C'est aussi le lieu d'élection pour défaire un ennemi emblématique, en la personne de Poséidon, et pour élever un enfant chéri, Érichthonios. Athéna vous appelle à considérer votre territoire comme le lieu de votre victoire et votre sanctuaire où vous choisirez d'élever les autres.

Le territoire d'Athéna se fond avec la déesse elle-même. Il était considéré en Grèce antique que la ville d'Athènes était la déesse elle-même ou un prolongement de son essence et de son identité. L'Acropole et son agencement font figure de corps symbolique et de miroir de l'état d'esprit de la déesse elle-même. Le fait que le territoire d'Athéna s'étende à tout l'Attique prouve également que cette notion de place à occuper peut être vaste et que l'ambition est permise pour prendre de l'espace.

Bien entendu, Athènes n'est pas le seul territoire où rencontrer Athéna. Vous pourrez la débusquer à bien des endroits. L'une des manifestations les plus marquantes d'Athéna à mes côtés fut une vision et une sensation d'explosion que je ressentis en ouvrant un magazine où apparaissait une photo de la statue d'*Alma Mater* de l'université de Columbia aux États-Unis. En effectuant des recherches, je découvris que la statue avait bel et bien été détruite, puis restaurée, à la suite de l'explosion d'une bombe dans les années 70. Cette statue de déesse savante porte une énergie très semblable à celle d'Athéna même si elle n'est pas explicitement inspirée de la déesse grecque. À travers ce ressenti, Athéna me montrait son aura explosive en des lieux insolites. À vous d'aller à sa rencontre ou de la laisser vous rejoindre sur votre propre territoire.

Chapitre 5
Une déesse grand œuvre

Ma vision d'Athéna est hautement alchimique, cependant, l'alchimie teinte énormément mon parcours personnel et s'intensifie au fur et à mesure que je chemine avec les divinités. Travailler avec Athéna dans cette optique est passionnant et bouleversant. Les résultats ne se font également pas attendre. Athéna est très aidante à qui saura remonter ses manches.

J'avoue demander explicitement de l'aide à Athéna uniquement quand je me sens démunie. J'essaye toujours de me débrouiller par moi-même au maximum et de chercher le sens profond des choses de façon inlassable. Athéna incarne alors l'essence de Mentor à mes côtés, me laissant œuvrer en autonomie bien que je reste sous son œil bienveillant. Ma sorcellerie à ses côtés ne se borne pas à une petite cuisine cherchant à rendre ma vie plus confortable. Je sais que par moments, les initiations vont claquer très fort. J'accepte de façon philosophe cet aspect chahutant du cheminement alchimique avec elle.

Durant la rédaction de ce livre, j'ai traversé des tunnels personnels très sinueux et épuisants. Je sais qu'Athéna a fait chauffer l'initiation guerrière plus fortement afin que cela me serve, particulièrement dans le cadre de cet exercice d'écriture. Cependant, à un moment de l'hiver, alors que j'étais à bout de souffle, je me souviens lui avoir demandé son concours pour deux choses : m'octroyer du temps de repos et me permettre d'échapper à une situation pénible. Le jour même, je suis partie au travail, étant salariée à temps partiel, avec un pressentiment étrange et la sensation qu'Athéna était particulièrement lourde sur mon dos. Je souriais en coin, m'attendant à être cuisinée et servie aux petits oignons à la suite de ma demande d'aide, mais je ne m'imaginais pas les moyens que déploierait la vierge guerrière, armée de ses bons tours toujours percutants. Ce jour-là, j'ai fini aux urgences après un accident sur mon trajet ayant eu lieu à l'angle d'un hôtel Mercure et de pompes funèbres, clin d'œil alchimique que je n'ai pas manqué de saluer, ne pouvant que reconnaître le sens de l'humour caustique de ma très sage déesse guerrière. J'ai été arrêtée plusieurs semaines avec du temps supplémentaire imprévu, car l'urgentiste, surmenée, s'était trompée dans les dates. Athéna était chirurgicale de bout en bout. Alors que je rentrais chez moi en clopinant, la main gauche inutilisable et la tête ensanglantée, je la sentais ce jour-là me veiller avec bienveillance, souriant d'un air entendu comme pour me dire : « Le repos de madame est avancé ! Dors bien, guerrière, parce que, bientôt, on y retourne ! » Mes blessures ont vite guéri, Athéna ayant veillé à ce que mon état justifie un arrêt de travail sans pour cela mettre en danger ma sécurité fondamentale. Certes, il a fallu accepter de me prendre un bon coup de bitume au passage, mais le dosage était, de toute évidence, savant.

Cet épisode m'a fortement fait cogiter. Athéna me blessant à la main gauche, emblématique de ma philosophie sorcière, à l'angle de Mercure et Pluton, une alchimie de l'Hadès. Je chemine avec Hadès depuis plus longtemps qu'avec Athéna. J'arpente les trois royaumes du souverain infernal parfois sans le vouloir ou le savoir. Hadès a cette faculté incroyable de m'enlever avec brio. Toujours est-il que, courant 2015, j'ai commencé un vrai travail avec lui. Durant cette année, j'ai exploré également, certes plus légèrement, le nord avec des méditations-voyages au cours desquelles j'étais accompagnée des Valkyries. Mais Hadès veillait et au-delà de lui, la Grèce me rappelait à elle. Lors d'un de ces voyages, je me retrouvai sur le champ de bataille face à une autre version de moi dont je triomphai. Des femmes en armure apparurent un peu partout et me firent passer par un portail d'énergie. J'arrivai dans une grande salle où les combattants étaient reçus pour être traités en rois. Une grande table circulaire évidée m'accueillit avec un banquet somptueux. L'une des femmes me proposa de choisir ma place. J'entendis « Valhalla ». Alors que je cherchais la place qui me conviendrait le mieux, je me sentis basculer et être traînée par les pieds par une force invisible, à toute vitesse, vers un siège imposant, ressemblant à un trône, de l'autre côté de la table circulaire. Une fois assise « de force » dessus, je réalisai que ce siège portait en grosses lettres sur son dossier le nom HADÈS. L'une des femmes en armure apparut alors face à moi, dans la partie évidée de la table. Elle semblait prête à m'offrir à manger et à boire. Au lieu de cela, elle me prit la main gauche et la brisa, mais cette main, invulnérable, revint en place. La femme sourit. J'ai longtemps pensé qu'il s'agissait de l'une des Valkyries qui m'accompagnaient. Je sais aujourd'hui que les ponts entre le nord et le sud sont toujours ouverts pour moi, notamment grâce à une complicité forte avec Heimdall, le gardien du pont entre les mondes. Cette femme, maintenant que j'y songe, alors que j'étais rappelée aux enfers grecs, était, elle aussi, singulière dans ce décor, comme profitant d'un accord diplomatique. Alors que, des années plus tard, Athéna me fracassait la main gauche devant les pompes funèbres, pour me la faire aisément guérir par la suite, l'évidence se fit jour. Cette femme en armure me brisant la main était Athéna. Je l'avais rencontrée avant d'en avoir vraiment conscience et ce qu'elle m'avait montré était prophétique. Elle avait de grands messages à me délivrer sur cette main gauche qu'aujourd'hui elle a su aligner et rendre inébranlable.

L'initiation alchimique avec Athéna n'est pas un long fleuve tranquille. Les énigmes intellectuelles tout comme les saillies dans la matière peuvent être éprouvantes. Mais pour rien au monde, je ne reviendrais en arrière. J'aime qui je deviens à ses côtés, qui se révèle en moi. C'est là le plus important dans ce cheminement, qui, peut-être, vous appellera.

L'alchimie d'Athéna

Athéna, déesse androgyne, porteuse des êtres-flambeaux, garante de la civilisation et du maintien de la paix, incarne un équilibre très éloigné des stéréotypes guerriers propres à la vision martiale consensuelle. Je vois la nature d'Athéna comme une transmutation alchimique de l'art guerrier. Elle porte l'or de la guerre, sa noblesse, son essence divine la plus pure. Elle est la véritable défaite de son ancêtre Cronos, associé à Saturne et au plomb, celle que l'on ne peut ni avaler ni pénétrer, d'une pureté qu'aucune violence ne peut salir. Elle est la transmutation du métal le plus vil en or pur, celui de son armure, symbole de sa nudité. Accompagnante experte de l'athanor, sans l'incarner, elle est celle qui étend ses mains sur le four, maîtrisant le processus de cuisson alchimique. C'est ainsi qu'elle confie la gestation d'Érichthonios à Gaïa et en devient de toute façon la véritable mère. Elle est également celle qui insuffle la vie, porteuse de l'âme dans le corps par l'opération de l'esprit qu'elle fait descendre. Fille sortie d'un père ayant avalé la mère, elle est l'image même d'une poupée russe à la fois mâle et femelle, chute dimensionnelle divinisant et raffinant la matière. Apporteuse d'apothéose, elle déifie, à l'issue d'un pèlerinage alchimique bien particulier, le cheminement héroïque. Les héros, complices d'Athéna, sont tels des dieux amnésiques dont le souvenir de leur or se rappelle à eux grâce à la vierge guerrière.

Par sa plongée dans les ombres à travers la constitution de son Gorgonéion, elle est une experte discrète des mystères chtoniens. Ainsi, elle n'est pas qu'œuvre au blanc, mais maîtrise chaque étape de l'Œuvre. Le noir est tout autant son territoire, même s'il est caché en Méduse. Ainsi, Athéna était témoin des mystères d'Éleusis, les Muses lui ayant conté l'enlèvement de Perséphone aux enfers. La vierge guerrière servait sans doute de garde-fou dans ces initiations et y avait une place importante. L'élaboration du Gorgonéion et la transformation de Koré en Perséphone portent des similitudes d'intégration de l'ombre et d'accession au pouvoir intérieur qui donnent énormément de légitimité à Athéna dans les mystères sombres. Plus évidemment ancrée dans l'œuvre au blanc, sa virginité éclatante est un porte-drapeau de cette phase bien particulière. Allumant le feu sur la tête et le bouclier du héros, elle fait rugir l'œuvre au rouge et permet d'achever l'alchimie au cœur même du combat qui revêt une dimension symbolique suprême sous sa supervision.

Œuvrer avec Athéna

Postulat spirituel de départ

Chaque personne qui tiendra ce livre entre les mains aura une raison différente de le faire. Certains voudront juste se renseigner sur la déesse, d'autres auront envie de tisser une relation spirituelle intime à travers une dévotion, voire une prêtrise, d'autres encore auront déjà tissé une narration relationnelle riche avec Athéna avant même que je n'entre en scène avec ma vision d'elle. C'est là que l'exercice de la mise en pratique se corse. Nous sommes tous différents avec des systèmes de valeur et de croyance nuancés, mais aussi, et surtout, nous attendons des choses distinctes à un instant T de notre parcours. Mon prisme restera ce qu'il est : mon propre prisme. Il n'a pas vocation à définir la divinité ni à l'enfermer dans un quelconque cadre. Personne, à mon avis, ne peut se permettre cet exercice risqué. Il vous appartiendra de vous questionner sur votre propre parcours spirituel, vos motivations présentes et vos attentes et envies en ce qui concerne une éventuelle pratique dévotionnelle ou magique aux côtés d'Athéna.

Avant de partager avec vous mes compréhensions et propositions, il me semble également important de détailler un minimum mon propre système de valeur, car cela oriente énormément mes écrits. J'ai le pressentiment que les « reconstructionnistes » purs et durs auront en horreur mon approche qui, plus que moderniste, se veut très individualiste et propice au développement d'une gnose personnelle approfondie et de premier plan.

Je suis une sorcière hors de toute tradition établie et mon lien avec les divinités naît exclusivement à la suite d'appels par rêves ou visions. Je passe immanquablement par la gnose personnelle avant tout travail de recherche. Je n'ai jamais le temps de m'intéresser à un sujet a priori, car le train des visions va trop vite. Je prends le train en marche. Ainsi, je développe un relationnel riche avec l'entité qui me contacte en m'intéressant à elle avant tout à travers ce qu'elle partage directement avec moi. Les recherches plus académiques viennent ensuite. J'aime comparer cela à aller dîner tous les week-ends avec une star avant de lire sa biographie pour vraiment la connaître. Après tout, il me semble plus juste de converser avec la déesse elle-même pour vraiment la comprendre plutôt que d'installer comme premier filtre entre elle et moi ce qu'en disent les autres. Vous comprendrez donc ici que je vous incite à mettre joyeusement à la poubelle tout ce que je raconte si cela encombre, dilue ou obstrue votre propre accès aux mystères d'Athéna. De la même manière, je vous conseille de ne laisser personne phagocyter votre relation avec les divinités, même ceux qui sont armés de sources jusqu'aux dents. Encore une fois, si cette personne a lu tout ce qu'il y a à lire sur le sujet, mais que, de votre côté, la divinité vous invite, vous épaule, vous connaît et vous autorise à l'appeler « Lapinou » si cela vous chante tandis que d'autres n'auront que leurs bouquins pour toute référence, il m'est avis que vous êtes du bon côté de la barrière. Et aux chers amis que cela hérisse, je les invite à se recentrer sur leur façon de faire et à laisser tout un chacun décider pour soi.

La première composante de mon filtre de travail est donc l'aspect prioritairement mystique.

*

* *

Les sources classiques et modernes viendront souvent confirmer vos ressentis. Cependant, le vécu aux côtés de la divinité est toujours plus riche selon moi. C'est là que vient l'épineuse question de la médiumnité, de l'accès direct aux messages et au contact. J'avoue ne pas bien comprendre comment articuler une dévotion ou un travail magique avec une divinité sans posséder la ligne directe. Toutefois, je pense sincèrement que la médiumnité se travaille et que c'est un sens comme la vue ou l'ouïe qui est simplement collectivement refoulé et encrassé. Chez certaines personnes, il marche à plein régime ou se réveille soudainement. Chez d'autres, il devra être apprivoisé avec patience et foi. D'autre part, nous avons tous un canal qui fonctionne différemment, avec des spécialités variées. Rêves, visions, clairaudience, interprétation des signes ou usage de la divination... La communication avec l'invisible est un territoire infini qui vous ressemblera et que vous devrez vous approprier pleinement. Sans cet accès dûment travaillé, le dialogue avec la divinité sera semblable au fait d'envoyer des bouteilles à la mer, une communication à sens unique où chaque côté de l'équation s'envoie des courriers à la mauvaise boîte postale. C'est l'écueil que j'ai pu constater dans les religions révélées qui diabolisent tout art divinatoire ou magique (et les femmes plus généralement avec ça) et qui fabriquent à la chaîne des croyants aveugles de tout ressenti pour qui la prière est une supplication sans réponse, permettant à un clergé s'arrogeant l'accès privilégié au divin de court-circuiter tout élan entrant ou sortant. Développez vos dons. Croyez-y. Sans cela, les gourous de tout poil auront vite fait de coloniser votre accès au divin et donc au pouvoir.

La seconde composante de mon filtre est par conséquent la nécessité d'avoir un lien médiumnique ou de le travailler.

*

* *

Il est, j'imagine, compréhensible de demander de l'aide ou de chercher un groupe de discussion ou de pratique en ce qui concerne les mystères divins. J'avoue que je suis une indécrottable solitaire qui a toujours fui assez rapidement les dynamiques de groupe en la matière. C'est là que réside la nécessité de vous faire installer, chez vous, en votre « temple » la fibre haut débit en travaillant et développant votre accès direct afin d'éviter de vous en remettre à qui n'aura pas toujours les bonnes prédispositions ni vos meilleurs intérêts à cœur. Athéna guide directement les héros. Cela me semble être un bon indice à suivre.

La troisième composante de mon filtre de travail est l'indépendance initiatique dans le monde humain.

*

* *

Mon approche, en plus d'être solitaire, est profondément alchimique et vise à travailler avec le divin dans une démarche spirituelle complète allant bien au-delà du simple opératif. Ma magie ne vise pas qu'à obtenir ce que je veux du point de vue de mon petit humain, mais à incarner ce que je suis du haut de ma divinité intrinsèque afin que cette divinité rayonne en mon petit humain. Je suis une praticienne suivant une philosophie à dominante main gauche pour qui la notion d'apothéose est centrale. La divinisation de la matière, descente du divin dans l'incarné ou souvenir de ma propre divinité, est un concept qui motive tout mon cheminement. Cependant, Athéna est une déesse qui saura accompagner tous styles de dévots, mages ou sorciers. Elle est étonnamment équilibrée et c'est l'une des raisons qui explique sa popularité.

La quatrième composante de mon approche est certainement la plus importante. C'est ma vision alchimique de l'initiation.

*

* *

Il convient également ici que je vous fasse un aveu inconfortable. J'ai beaucoup de mal avec le statut de « débutant ». Je ne comprends pas cette notion. Je ne m'y suis jamais reconnue. Quand quelque chose m'intéresse, je m'y plonge et je ne traîne jamais à ce funeste point de départ qui me semble servir d'excuse pour bidouiller pitoyablement de la façon la plus sécurisée possible dans un domaine qui exigerait au contraire de prendre des risques. Si vous êtes vraiment faits pour quelque chose, vous ne resterez jamais plus d'une nanoseconde au stade du débutant. Les débutants sont ceux qui se planquent derrière un manque de motivation qu'ils font passer pour une étape naturellement longue justifiant le fait de demander sans cesse leur chemin à autrui. Travailler avec les divinités est un processus alchimique visant à se trouver, soi, dans sa plus grande nudité, clarté et grandeur. Il n'y a pas de place pour débuter là-dedans. On avance, un point c'est tout. Si vous entretenez la peur de vous tromper sans cesse, vous serez bien trop tenté par cette envie morbide de vous reposer sur un autre être humain qui se fera une joie de projeter tous ses propres travers sur vous ou qui reproduira comme un âne la méthode qu'on lui a apprise par cœur afin que vous preniez le relais d'un quelconque dogme sans réfléchir à votre tour. Ne soyez pas un débutant. Ne faites confiance qu'à vous-même. Trompez-vous avec panache. Réfléchissez !

La cinquième composante de mon filtre est que je ne m'adresse jamais vraiment à des débutants, mais à des êtres en chemin.

*

* *

Bien entendu, il va sans dire que l'on apprend tout de même beaucoup en lisant ou en écoutant les autres. Cependant, je pense que vous devriez entreprendre cette étude seul, hors de tout cadre, sans emprise aucune sur vous ou votre jugement. Si un autre être humain a une sagesse à partager, il le fera idéalement sans vous cadenasser, vous imposer une limite ou vous entraver. Cela induit également qu'à l'autre bout du spectre, chacun respectera l'individualité de chacun et forgera sa propre pratique et son propre questionnement sans plaquer le visage des autres sur soi sous prétexte qu'un enseignement a été partagé avec générosité et liberté. Laisser les gens libres ne veut pas dire leur donner l'autorisation de tout saccager en notre royaume ou de s'y servir goulument sous couvert de cette excuse pénible d'être un satané débutant.

La sixième composante de mon filtre de travail est le respect de la souveraineté de chacun et l'exigence que l'on respecte la sienne afin de ne pas confondre respect pour un travail et opportunisme vampirique.

*

* *

L'approche d'Athéna que je vais vous proposer ici est surtout basée sur la réflexion, mot intéressant qui fait penser à l'intellect, mais également au reflet. Si vous avez besoin d'étudier au préalable le fonctionnement de la pratique magique, de la visualisation, de la communication médiumnique, de la divination sous quelque forme que ce soit ou de tout système spirituel ou opératif, il va de soi que vous devez suivre vos élans afin de parfaire votre cheminement alchimique avec Athéna. Je ne m'adresse pas à des débutants, car, comme je l'ai déjà démontré, j'ai ce terme en horreur et j'ai plutôt envie de vous pousser à vous poser les questions qui vous serviront à forger vos propres réponses. Athéna n'a jamais été un bébé. Elle est née tout adulte et armée jusqu'aux dents. C'est ainsi que j'aime voir le début du chemin. Il suffira de s'exercer avec ces fameuses armes pour avancer dans l'initiation.

La septième composante de mon filtre de travail est, enfin, de fournir plus de questions que de réponses, car ce sont vos propres réponses qui compteront vraiment.

Premier contact

Si Athéna n'est pas d'ores et déjà à vos côtés, vous aurez peut-être envie de l'inviter, de lui ouvrir la porte de votre chemin initiatique. Athéna est une déesse franche et directe, bien qu'elle puisse être douce et discrète selon les moments. Elle ne vous snobera pas si elle veut effectivement bien travailler avec vous.

Alors, comment inviter Athéna si ce n'est pas elle qui fait le premier pas ? Je vous conseille la simplicité et la transparence. Préparez-lui un autel, écrivez-lui une lettre, dédiez-lui un tirage de cartes, un poème ou toute autre création inspirée qui saura lui montrer vos intentions et attirera son souffle. Montrez qui vous êtes et demandez à la fille de Zeus, avec tout l'alignement dont vous pouvez faire preuve, de vous rejoindre. Selon vos prédispositions, vous recevrez peut-être des rêves, visions ou signes. Un ressenti vous cueillera sans doute pour vous faire savoir si oui ou non la déesse guerrière accepte de vous mentorer.

Je ne saurais que trop vous conseiller de bien vous questionner au préalable sur vos intentions et attentes et d'avoir vous-même un regard acéré sur les enjeux du travail que vous désirez entamer avec Athéna, qu'il s'agisse de mettre l'accent sur la guerre, la stratégie, la sagesse, la souveraineté, la politique, l'androgynie, la résilience, l'art, l'intellect, la protection ou tout autre champ de son vaste royaume. Athéna aime la lucidité et la volonté comme terreaux de base. Soyez francs, droits et prêts à vous salir les mains. Et puisse la belle guerrière vierge vous bénir de sa majestueuse présence !

Pureté, dissuasion protectrice et alignement

L'une des premières choses que l'on apprend dans toute pratique spirituelle ou magique est généralement la purification, qui va de pair avec la protection, puis la bénédiction. C'est un trio obligatoire, un rite de passage du fameux débutant que j'ai en horreur (rire sarcastique). Pourtant, j'ai lourdement traîné mes propres guêtres sur ce territoire sorcier et Athéna m'a permis de franchir un sacré palier alchimique afin de ne plus m'épuiser en purification-protection-bénédiction poussives.

Déesse vierge, guerrière, lourdement armée, impénétrable et garante d'une sagesse parfaite, Athéna est porteuse d'un exemple à suivre. L'épisode de son bain, moment de malheur et de péril, faisant potentiellement perdre la vue, nous renseigne grandement sur la nature de son rapport à la purification. Sa protection offensive, le Gorgonéion, nous montre que la dissuasion est le plus efficace des boucliers. Enfin, sa façon d'adouber les héros en leur permettant d'agir dans le monde de façon juste et alignée nous donne à voir de nombreux exemples de bénédiction. Ces trois composantes rituelles, cette trinité magique, servent à corriger une chose dont on ne parle pas assez : l'alignement. Si l'alignement est parfait, le reste est dispensable.

Athéna est une déesse d'alignement, dont la verticalité est rappelée par sa saillie depuis la tête de Zeus, mais aussi par la rectitude de sa lance ou encore le pont qu'elle représente entre ciel et mer en passant par le royaume humain. Athéna n'a pas besoin de beaucoup se purifier, car elle est pure dans ses fondements. Elle est l'incarnation même de la virginité droite. À vous de définir ce que veut vraiment dire « virginité ». Il ne s'agit pas uniquement de pureté sexuelle, mais également d'indépendance dans les trois grands champs alchimiques que sont le corps, l'âme et l'esprit.

Voici quelques questions à vous poser afin de travailler votre alignement en ce qui concerne la purification ou la pureté. Aidez-vous éventuellement du tarot ou d'un oracle si vous pratiquez la cartomancie ou de tout autre outil divinatoire ayant votre préférence.

« À quoi ressemble ma propre virginité spirituelle ? »

« Comment puis-je cultiver ma virginité ? »

« Comment maintenir mon alignement afin de ne pas avoir à me purifier de façon mécanique trop régulièrement ? »

« Quelles méthodes de purification me conviennent et sont efficaces ? »

« Quels éléments m'accompagnent le mieux dans ma purification ? »

« Qu'est-ce qui met en péril ma pureté spirituelle ? »

« Comment rectifier ce qui, jusqu'ici, me séparait d'une virginité guerrière ? »

Afin de réfléchir correctement à ces questions, vos valeurs devront forcément ressortir. Faites parler votre sagesse. Essayez d'incarner ce qu'Athéna porte en elle. J'ai réalisé personnellement que ma purification personnelle s'opérait particulièrement puissamment en désobstruant mes canaux émotionnels et énergétiques. L'eau et l'air me portent en matière de purification, à l'image de la pureté d'Athéna entre ciel et mer. Ainsi, la vision et la parole sont des terrains pour entretenir ma propre marque de virginité spirituelle. L'un comme l'autre doivent être alignés avec mes idéaux fondamentaux pour assurer ma pureté. Mon indépendance sur ces territoires doit aussi être parfaite.

Pour garantir ma virginité guerrière, je parle et je vois avec clarté et sans me raconter de mensonges ou sans m'en laisser conter.

Impossible d'évoquer la pureté ou la virginité sans parler de sexe. J'ai en horreur les interdits d'ordre relationnel ou sexuel. Je pense que l'abstinence sexuelle est un impératif symbolique qui pousse à réfléchir sur ce que soulèvent la sexualité et notre rapport à l'autre. Cela ne devrait jamais être un cadenas imposé par un quelconque système. Je ne me suis jamais imposé de barrières de ce type. Pourtant, force est de constater que dès la rédaction des premières lignes de ce livre, Athéna a mis à la porte *manu militari* toute interférence romantique ou sexuelle dans ma vie. Elle m'a totalement isolée dans mon écriture de façon quasi ascétique. Je me suis prise à rêver de rejoindre Aphrodite en douce plus d'une fois. Mais toute tentative de ce type s'est soldée par un échec cuisant, me dégoûtant moi-même de chercher à faire la maligne. J'aime profondément ma déesse guerrière. Je sais qu'elle ne me fait pas tourner en bourrique par simple plaisir cruel. Il y a dans cette abstinence forcée une leçon pour moi à aller puiser. J'active alors le pouvoir de l'eau et de l'air. Le ressenti et la vision. Je comprends qu'Athéna m'isole romantiquement et sexuellement, car je me suis niée dans mes relations et que quelque chose doit y être analysé et intégré. Ma pureté spirituelle, ma droiture, mon engagement envers moi-même et ma raison d'être y ont été régulièrement salis. Athéna se fiche bien de savoir si je m'envoie en l'air. Ce qu'elle cherche à préserver en moi, c'est cet alignement de ma virginité guerrière. Qui je suis. Et parfois ce « qui je suis » est assailli par l'autre, qui veut me posséder, me contrôler, troubler ma tranquillité, vampiriser mon temps, mon énergie, saboter ma liberté... Le tout sous couvert de gentillesse, de douceur, de sollicitude, de générosité, d'étalement chevaleresque dans de grands gestes qui apitoient, obligent, enferment, séquestrent. De mon côté, je me sacrifie bien trop et j'ignore les alarmes rugissantes qui m'avertissent que des choses ne vont pas bien. Je donne des chances inutiles. Je me laisse tomber dans une quête vaine afin de « faire fonctionner » un lien qui m'entrave. Quand Athéna me cloisonne loin d'Aphrodite, elle me pousse à réfléchir à ma virginité spirituelle, que je sabote pour apaiser la voracité de l'autre. Ainsi, l'abstinence sexuelle n'a aucun sens si vous ne cherchez pas à déconstruire vos schémas romantiques et sexuels afin de les comprendre, les intégrer et en faire une force. Cette force fait passer de l'étape de la pureté à celle de la protection. Il est à mon avis inutile de s'imposer une abstinence « parce que c'est comme ça qu'on faisait avant ». J'ose espérer que l'on a, à l'époque moderne, acquis une sophistication intellectuelle, spirituelle et énergétique suffisante pour oser remettre les choses en question et mettre à jour nos façons de vivre le divin.

Je ne vous fournirai pas de rituels préétablis afin de respecter la personnalisation alchimique du processus qu'Athéna m'inspire. Cependant, je vous propose une idée de rituel à composer vous-même sur une thématique clé : le bain d'Athéna.

♦ Intention : vous dépolluer des regards extérieurs.

♦ Inspirations : l'aveuglement de Tirésias et le rite du bain d'Athéna, les Plyntéria d'Athènes présidées par Aglauros.

♦ Bénéfices spirituels : régénération, recentrage, immunité, tri entre les regards initiés et non initiés.

♦ Moyens : bain ou nettoyage rituel du corps et/ou d'un vêtement important pour vous.

♦ Élément principal et points clés du rituel : l'eau, le regard, la solitude.

*

* *

La protection est un gros morceau. Elle est encore plus anxiogène que la purification. Combien de pratiquants ont mis en place des protections motivées par la peur ? La peur, dans la mise en place d'une protection dissuasive avec l'aide d'Athéna, doit impérativement changer de camp. C'est bel et bien l'énergie de peur que l'on pourra utiliser, mais pas la sienne propre. Athéna pousse à susciter la peur chez autrui par l'ouverture d'un regard féroce prêt à mettre en pièces toute attaque. Avec la vierge guerrière, on ne se protège pas plus que l'on ne se purifie. On devient dissuasif. On devient dangereux, inattaquable, pénible à regarder pour quiconque aura une déviance à décharger. Athéna enseigne qu'il est bien plus efficace de devenir un instrument de terreur que de se protéger en serrant les fesses tous les quatre matins. Devenir un terrain miné où l'autre se fera sauter tout seul s'il a une intention de travers à notre égard est la plus efficace des défenses. Pour cela, une des pistes de travail efficace est de comprendre profondément la gnose en rapport avec Méduse et savoir se forger un Gorgonéion sur mesure. L'alignement des valeurs reste, évidemment, une partie de l'équation protectrice. J'ai mis en place mon propre Gorgonéion après plusieurs années de travail avec Athéna, lors de l'écriture de cet ouvrage. C'est d'ailleurs lui qui a effrayé tout prétendant romantique sur mon chemin et m'a donné accès à des compréhensions de haut vol pour me protéger et me permettre d'arrêter par moi-même ma machine initiatique au bord du précipice quand cela était nécessaire. La fabrication du Gorgonéion ne se fait pas à la légère. Elle demande une profonde introspection et peut requérir un accompagnement psychologique poussé afin de pleinement identifier votre Méduse. Ce bouclier énergétique vous servira autant dans l'invisible que dans le monde humain. Il requiert un travail de fond intense et une consolidation longue.

Voici quelques questionnements que je vous encourage à explorer concernant la protection et l'élaboration de votre défense dissuasive et offensive.

« De quoi dois-je me protéger ? »

« Quelle ombre en moi a attiré des attaques ? Comment retourner cette ombre contre l'adversité ? »

« Qui est ma Méduse ? Quel est l'événement le plus traumatique qui m'est arrivé et qui est, en conséquence, la version de moi que je peux utiliser comme révélateur de mon ombre et persécuteur de mes agresseurs ? »

« Comment intégrer ma Méduse et la porter en bouclier ? »

« Quelles valeurs je suis prêt·e à porter et défendre ? Comment activer un système de défense offensive si ces valeurs sont attaquées ? »

Le rituel que je vous encourage à monter est le suivant : fabrication et port du Gorgonéion personnel.

♦ Intention : vous constituer une protection offensive et dissuasive permanente qui agira comme révélateur de ceux qui n'ont pas vos intérêts à cœur.

♦ Inspirations : la décapitation de Méduse par Persée et le port de sa tête par Athéna sur son Égide ou son bouclier.

♦ Bénéfices spirituels : identification, affrontement et intégration de chapitres particulièrement douloureux de votre parcours

♦ Moyens : introspection longue et initiatique suivant un accompagnement psychologique solide, visualisation de régression pour décapiter votre Méduse et l'arborer sur votre bouclier.

♦ Conseils clés du rituel : éviter le regard figeant de votre Méduse, prendre le temps de l'instant juste et définitif, savoir ce qu'est le bouclier qui recevra la tête, préparer votre voyage sur le long terme et solidifier le port du Gorgonéion sur le long terme également. Observer et prendre note au fur et à mesure des personnes, énergies ou situations qui seront écartées ou pulvérisées sur votre chemin par la présence de votre Gorgonéion. Souvent, la nature de votre Méduse révèle les intrus.

*

* *

L'alignement est ce qui fera tenir à la fois votre pureté et votre protection. Pour être aligné, il convient d'envisager son être dans son ensemble, de façon alchimique, corps, âme et esprit. Il faut se poser des questions existentielles, même si l'on ne pourra jamais totalement y répondre de manière parfaite. Cependant, ces questionnements perchés devront impérativement être incarnés, portés par votre corps de chair, travaillés inlassablement dans vos choix, actions, postures. L'alignement exclut la simple masturbation intellectuelle qui rechigne à incarner un discours. L'alignement abolit toute dissonance, toute dissociation. L'alignement est exigeant. Athéna ne vous caressera pas le dos tandis que vous vous trouverez toutes les excuses du monde pour ne pas porter votre flamme à même le corps. Elle vous aidera à trouver votre alignement, mais ce sera à vous de le maintenir. Votre alignement, quant à lui, vous maintiendra debout, vous confèrera de l'endurance, entretiendra votre esprit guerrier, votre justesse et votre sagesse.

Voici quelques questionnements utiles sur cette notion.

« Quelle est mon origine ? En quoi est-ce que je crois ?
Qui suis-je au-delà de mon incarnation humaine ? »

« Quelles valeurs ai-je envie de porter dans le monde ? »

« Qu'est-ce qui m'a tenu·e éloignée
de mon alignement par le passé ? Qu'est-ce qui m'en tient
éloigné·e aujourd'hui et éventuellement m'empêche d'incarner
mon être essentiel ? »

Le rituel que je vous encourage à monter en lien avec l'alignement est le suivant : l'invocation des mains d'Athéna.

♦ Intention : vous laisser inspirer par la justesse d'Athéna qui va vous laisser « cuire » à point dans le four alchimique, dans un processus d'alignement juste avec votre feu divin.

♦ Inspirations : l'apposition des mains de la déesse au-dessus du four comme dans les chansons des potiers de l'Antiquité et l'allumage de la flamme sur le front des héros Achille et Diomède.

♦ Bénéfices spirituels : intégration lente et sûre des notions initiatiques, ressenti facilité dans le corps, montée douce du feu héroïque.

♦ Moyens : méditation, visualisation, magie du feu, magie alchimique autour de l'athanor, invocation à l'aide des épithètes d'Athéna qui vous parlent le plus, rédaction de votre propre invocation alchimique.

♦ Élément principal et conseils clés du rituel : feu, patience, laisser la cuisson et l'allumage avoir lieu selon le timing décidé par Athéna, nécessité d'avoir établi un premier contact et un lien de confiance avec la déesse.

*

* *

Vous l'aurez sans doute à présent compris, je ne compte pas vous dicter votre pratique avec Athéna dans les détails. C'est à vous de la forger en vous posant les bonnes questions. L'une des questions qui me semble importante est celle de la dangerosité de la mise en œuvre dévotionnelle ou magique. Abordons-la pour désamorcer tout procès à ce sujet.

L'un des dangers est de ne pas savoir à qui l'on s'adresse. Il y a effectivement toutes sortes de choses qui ne sont pas forcément bien intentionnées dans les royaumes invisibles. C'est pourquoi entamer une pratique en se focalisant sur l'entité sans se regarder attentivement soi est, selon moi, une bêtise sans nom. Questionnez-vous sur vous. Apprenez à vous connaître, à développer vos dons, à affûter votre intelligence, votre œil perçant, votre discernement avant de tenter d'aller frapper à la porte de quoi que ce soit. Travaillez votre alignement. Il n'y a que l'alignement qui vous permettra de savoir si vous êtes au bon endroit. Si vous souhaitez travailler avec Athéna ou toute entité divine, mais n'avez jamais affiné votre médiumnité ni votre alignement, et voulez tout de même vous entêter à cogner à des portes invisibles face auxquelles vous n'êtes pas armé, ne vous étonnez pas de n'aboutir à rien ou dans de fâcheux guêpiers. Je vous vois venir devant un tel avertissement. Vous allez peut-être me rétorquer que ce travail n'est donc pas pour les débutants et qu'il existe bel et bien des pratiquants de cette catégorie. Ce à quoi je répondrai, avec toute la prétention dont je suis capable, que seule une personne qui se complaît dans son statut de débutant chouinera pour obtenir des résultats sans s'être au préalable questionnée sur tout le travail que demandent lesdits résultats. Il y a des gens qui seront éternellement des débutants et il y a les autres. Si, en réfléchissant énormément par vous-même et en travaillant spirituellement, lisant, vous exerçant, vous formant, vous ne comprenez toujours pas comment naviguer dans ce monde invisible et avez sans cesse besoin de demander à un autre humain comment il ou elle fait, ce monde n'est peut-être pas fait pour vous, malgré tout l'attrait qu'il peut revêtir à vos yeux et à quel point cela me fait passer pour une grosse vilaine. Si vous comptez vous présenter devant Athéna la guerrière avec cet état d'esprit qui touille plus qu'il n'explore, rebroussez chemin sur-le-champ. L'incertitude molle alliée à une volonté farouche d'accéder tout de même au grand tralala risque de bien plus vous piquer en ces territoires exigeants que tous mes discours moqueurs. Ainsi, je pense que nous pouvons tous en avoir l'accès, mais qu'il convient de se bouger les fesses et de faire preuve de pragmatisme, de suite dans les idées et de courage.

Face à cette question de savoir si l'on est en contact avec la bonne entité – ce qui se vérifie amplement bien avec des protocoles médiumniques et un travail sans faille sur l'alignement –, reste une autre objection face au travail magique avec les divinités, particulièrement avec une approche comme la mienne, hors de toute tradition, remettant l'individu devant sa responsabilité, sa capacité de réflexion et sa volonté ou non de couper le poil qu'il est encouragé à chaque coin de rue à faire pousser dans sa main. On entend partout que la pratique magique et le contact avec les divinités sont des choses dangereuses. Je ne vais pas vous rassurer sur ce point. Oui, c'est dangereux, toute proportion gardée. Cependant, si vous abordez ce travail avec la volonté de ne courir aucun risque et de vous protéger à outrance, vous parviendrez peut-être à quelques résultats sorciers assez tièdes, mais vous ne pratiquerez jamais l'alchimie. L'alchimie exige de prendre des risques et de travailler directement sur sa propre matière et structure, d'être prêt, à travers un processus de dissolution de l'être dans son ensemble, à bouleverser ce à quoi votre égo et votre moi conscient sont attachés afin de parvenir à un véritable alignement, dépollué de toutes les bêtises que votre conditionnement vous a vendues comme essentielles. La sorcellerie est dangereuse. L'alchimie est dangereuse ET sans concession. La dévotion sans l'un ni l'autre n'a, à mon sens, pas grand intérêt, mais je vous laisserai juge de cela. Si vous avez peur de modifier votre structure, de casser des œufs pour faire votre omelette, fuyez toutes ces pratiques sur-le-champ. Cependant, un être qui est prêt à pratiquer la sorcellerie de façon alchimique dans le cadre de sa dévotion se devra d'avoir de la suite dans les idées et une autonomie intellectuelle vive afin de prendre des risques mesurés. Il convient également d'être philosophe pour accepter de se détacher, dans ce travail, de ce qui sera dissous.

Ainsi, vous pouvez vous protéger en vous connaissant bien et en ayant une bonne prise sur votre propre bagage psychologique et affectif. Votre psyché est la clé tout comme votre émotivité. Si vous vous présentez au seuil du voile avec des failles béantes, sans aucun travail analytique à votre actif et des tabous gigantesques à propos de votre histoire, soyez sûr que vous serez un très beau morceau de gibier dans l'invisible. Cela ne veut pas dire pour autant que l'on doit se présenter à ces portes une fois que l'on a tout compris et tout réglé. Cependant, ces domaines ne conviennent vraiment pas aux psychés fragiles que la moindre détonation placera en état d'urgence. Il en va de la préservation de la santé mentale qui doit à tout prix être considérée comme centrale dans tout travail avec l'invisible.

Les composantes opératives de la magie visent souvent à rectifier de façon mécanique et énergétique un alignement bancal. Cela permet à n'importe qui d'obtenir des résultats. Cela ne veut pas dire que n'importe qui saura toucher à la véritable alchimie ou au cheminement héroïque porté par Athéna. Je trouve plus intéressant de savoir pédaler sans les petites roues à l'arrière. Apprendre à les placer, ces roues, est certes intéressant. Il me semble plus important encore de se questionner sur leur raison d'être : corriger nos imperfections. Travailler son alignement permet de pédaler sans ces entraves. Certes, vous risquez davantage de vous casser la figure qu'avec les petites roues. Vous irez aussi plus vite et goûterez à de toutes nouvelles sensations.

Mon approche de la pratique magique prend donc en considération à la fois la dévotion, la sorcellerie et l'alchimie, le tout dans une perspective autonome, mûrement réfléchie et responsable. Cet état d'esprit m'a toujours servi dans mon parcours avec Athéna. C'est loin d'être un paradigme complaisant et cela me semble bien lui convenir. Athéna est grande de cœur mais elle exècre la médiocrité ou la trop grande facilité. Loin d'être maternante, même si elle est fortement compatissante, elle guide avec justesse afin que l'on se prenne en main, et ce, toujours avec notre intellect comme fer de lance.

La dévotion incarnée : le pèlerinage héroïque athénien

Il est difficile à mon sens d'orienter, de l'extérieur, une dévotion. Vous expliquer comment aimer votre divinité, car il s'agit de cela, me semble d'un exotisme farfelu. Vous trouverez comment aimer Athéna en apprenant à la connaître et en vous éloignant des modes d'emploi cadenassants qui pullulent un peu partout.

Une chose me semble toutefois centrale dans la dévotion à Athéna, c'est le lien avec l'héroïsme et à quel point embrasser sa propre narration héroïque ravive le lien avec elle. Cela pourra vous sembler intimidant et pourtant, votre narration héroïque ou guerrière pourra être extrêmement simple, pacifiste, quotidienne. Cette narration est liée à ce que vous êtes et à vos idéaux, vos valeurs. C'est ce qui met en mouvement votre être essentiel, votre divinité incarnée, afin de la faire agir à travers vous. C'est là le sens véritable de l'allumage de la flamme sur le front du héros. Une dévotion à Athéna qui ne touchera jamais à ce concept me semble incongrue. Athéna est une déesse qui me paraît particulièrement épurée et spartiate. Elle n'attend pas des parterres d'offrandes extravagantes. Elle ne valorise pas le luxe ou l'opulence. Elle favorise la réflexion brute, l'action décidée. Si vous vous attardez davantage sur le choix de tel ou tel encens à lui dédier plutôt que de vous poser les vraies questions en lien avec ce qu'elle porte en matière de valeurs qui vous sont communes, alors vous passerez certainement à côté du centre même de ce qu'est sa marque de fabrique en matière de dévotion : l'héroïsme. Ne soyez donc pas timide. Osez regarder ce qu'est cet héroïsme et mettez votre slip sur votre collant sans plus attendre, car il y a fort à parier que si Athéna vous attend au tournant, c'est pour allumer une flamme sur votre front et bousculer un peu les choses. Bien entendu, comme nous vivons dans un monde de dualité et de conflits, il est fort possible que cet héroïsme se heurte à de l'adversité. Si ce n'était pas le cas, il n'y aurait tout simplement pas d'héroïsme. L'héroïsme existe précisément parce que des forces opposantes tentent d'empêcher ce que le héros s'efforce d'accomplir. Ainsi, en prenant conscience de toutes ces composantes, votre dévotion deviendra vite un pèlerinage alchimique et Athéna pourra vous toucher plus puissamment.

Autel et offrandes

Je vous conseille fortement de faire de la place à Athéna dans votre vie si elle vous appelle directement ou si vous souhaitez l'inviter à vos côtés. Il est évident qu'un autel matériel concrétise tout simplement une énergie qui est avant tout intérieure. À travers l'espace sacré que vous ferez à la divinité, vous lui témoignez l'espace qu'elle prend dans votre cœur, et à quel point vous avez envie de consolider votre lien. Je ne saurais que vous appeler, encore une fois, à la réflexion, à l'autonomie et à la personnalisation afin de faire de votre autel à Athéna un lieu d'échange nourrissant avec elle. Vous pourrez y placer une représentation de la déesse elle-même et y déposer des objets qui vous rappellent son essence. N'hésitez pas à faire de votre autel un lieu qui vous ressemble, à vous aussi. Athéna est une déesse qui aime les guerriers nus, faisant fi de toute convenance inutile. Elle veut voir votre âme et votre cœur dans leur vérité. Rien n'échappe à ses yeux surpuissants.

Votre autel pourra être un espace qui lui sera dédié dans le coin de votre habitation le plus chargé de sens en lien avec la vierge guerrière. Cela pourra être cohérent avec la coloration de votre propre narration guerrière. Mon pèlerinage héroïque personnel est lié à la communication, particulièrement écrite. Par exemple, pour ma part, j'érige un autel à Athéna, propice à l'écriture, tout près du lieu où j'exerce mes fonctions d'écrivain. Mais cela n'est pas restrictif. Vous pouvez inviter Athéna où vous le souhaitez et, comme elle est assez minimaliste, vous pourrez même lui ériger des autels virtuels ou temporaires, voire des autels de voyage. Laissez tourner votre créativité au maximum. Son lien avec la magie du territoire permet de lui rendre hommage un peu partout.

J'aime allumer des bougies pour appeler son essence d'allumeuse de flamme. Il existe des bougies de toutes les formes, mais j'affectionne particulièrement les petites chouettes pour Athéna, surtout si elles sont dorées ou d'une couleur métallique. Le blanc convient également fortement à sa virginité éternelle tout comme le vert clair, le gris ou le bleu clair, qui sera un rappel formidable de ses yeux perçants.

Les parfums et encens portent des effluves qui traversent l'air et rappellent la nature olympienne de la déesse guerrière. J'aime lui dédier de la myrrhe et de l'oliban, mais également acheter des mélanges dédiés à Jupiter en clin d'œil à son père ou à l'éther qui est son élément. Les encens zodiacaux peuvent également très bien convenir, pourquoi pas en favorisant le signe de la Vierge, des Gémeaux, du Sagittaire ou de la Balance, que je trouve proches d'Athéna. Enfin, les parfums hespéridés rappelant le jardin de naissance d'Athéna sont également très propices. J'apprécie particulièrement de lui brûler de l'encens de bergamote. L'orange est bien évidemment très conseillée également.

Pour entretenir votre espace sacré, n'hésitez pas à utiliser un mélange aqueux que vous pourrez charger et vaporiser pour faire le ménage sur votre autel de façon sorcière. Un spray contenant de l'infusion de feuilles d'olivier (son allié de choix), de pensées pour l'intellect, de bleuets pour le regard, d'écorces d'orange (fruit de son jardin natal) pourra être chargé sur le symbole de l'astéroïde de Pallas Athéna un jeudi, jour de Jupiter ou à une heure jupitérienne, pourquoi pas à une période où la lune, astre nocturne, est en Vierge ou durant laquelle Pallas est dans une position porteuse pour votre intention. Ce spray de lustration d'autel pourra contenir tout ce qui vous inspirera et être chargé de la manière qui vous semblera adaptée. N'hésitez pas à incorporer le travail des sigils, des carrés magiques, ou à incorporer la sagesse du tarot (la Reine d'Épée et le Page de Coupe sont mes cartes favorites en lien avec Athéna, mais vous pourrez faire vos propres associations). L'eau est un élément qui se charge facilement, j'aime sa réceptivité magique, son aspect diluant. Je n'hésite pas à intégrer à ma propre toilette des produits à base d'alliés végétaux que je charge avec le concours d'Athéna afin de me cuirasser énergétiquement avec son essence. Cela permet un entretien simple et régulier de la purification, de la protection et de l'alignement.

La terre est un élément moins évident à travailler dans ma pratique avec la vierge guerrière. Je préfère l'associer au métal ou rattacher l'aspect chtonien de la déesse à Méduse et à la sagesse du serpent. Placer un symbole serpentin sur votre autel ou porter des bijoux en forme de serpent, d'œil ou de chouette peut être une façon amusante d'honorer Athéna. N'hésitez pas à consacrer tous ces éléments afin de véritablement multiplier leur énergie.

Athéna est par nature rattachée au cinquième élément, l'éther. Cette correspondance pourra avoir toute son importance dans votre dévotion et vos rituels.

Les directions sont communément liées aux éléments. Personnellement, j'associe Athéna avec l'est, lié à l'air, l'intellect et l'aurore. Il vous appartiendra de définir quelle direction et quels éléments vous appellent en priorité.

Il est aussi possible de s'inspirer du comportement des héros dans la mythologie. Persée avait dressé un autel à trois divinités très complémentaires : Zeus, Hermès et Athéna. Voici un exemple parfait d'autel à reproduire pour travailler de façon alchimique avec la vierge guerrière, en interaction avec d'autres dieux avec qui elle peut bien s'entendre. Persée a dédié la gauche à Hermès, le centre, à Zeus et la droite, à Athéna. Il y a sacrifié, dans l'ordre, un veau, un taureau et une génisse. Bien entendu, il est hors de question de calquer de tels sacrifices, mais vous pouvez vous inspirer du symbole de chaque animal pour y puiser une certaine forme de sagesse.

Athéna n'est pas une déesse que je trouve très friande d'offrandes matérielles. Ce qu'elle m'inspire est généralement davantage la réflexion et l'action. Elle n'est jamais aussi heureuse que de me voir accéder à un nouveau niveau de compréhension ou m'exprimer à l'oral ou à l'écrit sur l'une des choses sur lesquelles elle m'a poussée à me questionner. Ainsi, c'est ce que vous ferez avec et pour elle qui vous portera le plus. Il va sans dire que la façon dont je m'exprime et ma posture bien particulière dans cet ouvrage ne sont pas anodines. Il y a sans doute des choses à comprendre sur Athéna en ressentant la vibration de mon écriture.

Style rituel d'Athéna

Contrairement à mon précédent ouvrage dédié à Aphrodite pour lequel cette dernière m'avait accablée de demandes de retranscriptions de rituels et de correspondances, je me sens cette fois-ci accablée par la vacuité de ce qu'Athéna souhaite que je retranscrive en la matière. Sa transmission à cet usage pourrait se traduire par : « Réfléchissez ! » Bien évidemment, je ne vous laisserai pas là pour autant, mais il est important de retenir cette grande distinction de style entre ces deux déesses en matière de ritualisation. Athéna n'est clairement pas amatrice de fanfreluches, et le style de sa magie est bien plus rentré, intellectuel, rêche et minimaliste.

Ce qu'Athéna affectionne par-dessus tout ce sont les murs mentaux d'indices que l'on confectionne ensemble au fur et à mesure des rêves, visions et déblocages dans le réel. Quand je me dépasse pour créer des liens intellectuels, Athéna jubile. Parfois, une simple visualisation puissante aura des effets tonitruants sur ma réalité. Faire de la magie avec Athéna ne demande pas grand-chose, si ce n'est un outil essentiel qui a le mérite de ne pas générer de grosses dépenses : un bon cerveau qui tourne à plein régime. L'intelligence vive, la force de déduction, la rapidité d'association, l'originalité de la pensée, la lucidité pointue et la faculté à traduire des concepts complexes sont des outils magiques majeurs auprès d'Athéna. Le reste n'est que froufrous superflus. Cependant, j'aime les froufrous. C'est pourquoi je souhaite tout de même partager avec vous une courte liste de correspondances qui fonctionnent bien dans mon initiation avec la grande vierge stratège ainsi que quelques idées de rituels à composer vous-même. Si Athéna vous appelle, j'ai confiance dans le fait que vous parcourrez le reste du chemin aisément...

Correspondances

Les correspondances listées ci-dessous sont celles qui fonctionnent pour moi. C'est donc une liste non exhaustive et éprouvée avec le temps qui permet de composer des rituels, autels ou offrandes. Je vous encourage vivement à vous laisser appeler par ce qu'Athéna mettra sur votre chemin.

Alliés végétaux :

♦ Olivier : son arbre sacré et polyvalent. Il représente la bénédiction d'Athéna en puissance ainsi que sa souveraineté. Symbole de paix, il vous alignera avec sa guerre juste et civilisatrice.

♦ Agrumes, dont l'orange (pomme d'or du jardin des Hespérides : allié alchimique parfait pour travailler sur la naissance d'Athéna, le jugement de Pâris ou la guerre de Troie comme initiations alchimiques), la bergamote que j'affectionne pour les deuils émotionnels (le deuil de la mère Mètis, deuil de l'amie Pallas, etc.), travailler sur l'autonomie relationnelle et donc l'androgynie et la virginité d'Athéna. L'orange, sucrée, m'évoque la naissance de la déesse. La bergamote, amère, m'évoque les deuils. Les quartiers d'agrumes me font penser au lien entre plusieurs entités distinctes et semblables qui cohabitent sous une même peau. Cela est très parlant lorsque l'on considère comment Athéna est imbriquée, à sa naissance, avec Mètis et Zeus, comment elle devient Pallas Athéna, fusionne avec Méduse ou encore comment elle semble porter plusieurs polarités en elle. La peau des agrumes est tellement épaisse que cela évoque l'armure de la déesse, mais également la nudité cachée sous le voile initiatique.

♦ Bleuet : excellent pour le soin des yeux en eau florale ou à incorporer, en fleurs, dans une tisane. Le bleuet est apaisant et aidera à travailler sur des thématiques calmes en lien avec le regard et la prise de recul.

♦ Trèfle à quatre feuilles : considéré comme un porte-bonheur dans l'imaginaire populaire occidental moderne, le trèfle à quatre feuilles était tantôt vu comme un remède, tantôt un poison lié à la sagesse du serpent dans le monde gréco-romain antique. Athéna les utilise pour me signifier sa présence. C'est sa facette optimiste, vainqueur, porteuse de Victoire, qui ressort alors. Sa rareté permet de travailler sur l'héroïsme et la singularité.

♦ Thé des montagnes grecques : plante appelée « thé » par abus de langage, elle permet de confectionner une boisson reliée au territoire symbolique d'Athéna, les hauteurs rocheuses du bassin méditerranéen. Cette tisane est un excellent support de méditation.

♦ Pensée : son nom évoquant l'aspect mental de la déesse guerrière s'allie à des propriétés purifiantes et cicatrisantes qui rappellent la virginité et la résistance de la fille de Zeus.

♦ Menthe poivrée : plante vivifiante, elle fournit un coup de fouet mental qui éveille à la fois l'intellect et l'esprit guerrier.

♦ Achillée millefeuille : Plante offerte à Achille, protégé d'Athéna, par Chiron pour soigner les soldats pendant la guerre de Troie et donnée en dernier recours en attendant la mort pour soulager son talon transpercé. Cette plante permet de travailler sur le soulagement en temps de guerre. Elle est utile en cas de règles douloureuses ou abondantes, rappelant la non-fécondation de la vierge. Son lien au sang en fait une plante privilégiée des guerriers.

♦ Chêne : son bois a servi à la fabrication de l'*Argo*. Parfait pour travailler sur l'artisanat, la créativité utile, mais également le concept de navigation ou de pèlerinage alchimique. L'élixir floral de fleurs de chêne est un allié intéressant pour la force et l'endurance guerrière.

♦ Mélisse : nom des nymphes ayant pris soin du petit Zeus. La plante permet de se relier au roi olympien et d'honorer le lien père-fille avec Athéna.

♦ Framboisier et framboise : la couleur rouge de la framboise étant née du sang de la Mélisse nommée Ida – dont le mont à qui elle a donné son nom a vu grandir Zeus –, le framboisier est, comme la mélisse évoquée plus haut, un allié pour honorer Zeus et le lien père-fille avec Athéna.

♦ Hélichryse italienne ou immortelle : cette plante est l'une des plus puissantes avec lesquelles j'ai travaillé en lien avec Athéna. Elle fait le lien avec l'étymologie d'« Athanatos », Athéna immortelle. Régénérante, puissant anti-âge et remède contre les coups, tant physiques que symboliques, je l'utilise particulièrement en huile essentielle, macérat huileux et élixir floral, chacun éventuellement chargé avec des énergies jupitériennes.

♦ Prunellier : également appelé « épine noire », cet allié des haies m'a fait travailler sur la liminalité cachée d'Athéna, ses aspects sombres et durs. C'est une plante qui soutient très bien le cheminement difficile en lien avec la virginité guerrière.

♦ Pommier sauvage : allié de purification sans concession, je conseille fortement son élixir floral en cure courte pour détoxifier et « revirginiser » spirituellement dans une connexion immersive à l'œuvre au blanc.

Alliés animaux :

♦ Corail : né du sang de Méduse, le corail allie le domaine de Poséidon au sang, à la fois poison et remède, de la Gorgone. C'est un allié qui brassera fortement dans les ombres d'Athéna ses adversités, son rapport à la résilience et plus généralement, à la survivance.

♦ Chouette : alliée de choix qui représente l'Athéna vigilante, la chouette est liée au regard de la vierge guerrière ainsi qu'à sa sagesse, son aspect nocturne et sa dangerosité rentrée.

♦ Serpent : allié à la fois occulté et omniprésent, le serpent représente les profondeurs de la déesse, son pouvoir enfoui, ses tabous et ses relations à Méduse ou Érichthonios. Puissant symbole de régénération et de renaissance, mais également de sexualité, il est une part essentielle de la nature cachée d'Athéna. Son « sang froid », ou plutôt qui se régule en fonction de son environnement, permet également de travailler sur le style calme de la dangerosité de la vierge guerrière.

♦ Chèvre : en l'honneur d'Amalthée, la chèvre divine ayant allaité Zeus et donné naissance à l'Égide, le lait de chèvre ou le cuir de chèvre sont des ingrédients magiques porteurs.

Alliés minéraux :

♦ Fluorite : alliée de concentration et d'étude, elle permet le travail sur l'aspect mental et intuitif de la déesse stratège.

♦ Œil de tigre : pierre de protection et de force, l'œil de tigre est très intéressant en soutien dans les travaux sur la thématique du bouclier. Ses dérivés « œil de faucon » et « œil de taureau » peuvent également être employés pour la lucidité et la protection.

♦ Obsidienne : véritable miroir d'ombre et grande pierre protectrice sans concession, elle est une alliée très utile dans le travail sur le regard, les boucliers, la mythologie de Méduse. La variété « Œil céleste » est la plus intéressante dans le travail avec Athéna.

♦ Séraphinite : pierre verte liée au cœur et au mental, c'est une alliée qu'Athéna m'a soufflée par clairaudience. Elle fait le lien entre ses deux aspects « Reine d'Épée » et « Page de Coupe ». Elle est intéressante pour travailler sur la nature profonde de la déesse.

♦ Pierre de lune noire : pierre liée à l'aspect sombre de la lune et à la période de naissance d'Athéna, elle soutient les moments clés de célébration de la déesse guerrière.

Encens :

♦ Myrrhe : Offrande liée au sacré et à la souveraineté par excellence, la myrrhe est un encens efficace pour se connecter à Athéna.

♦ Oliban : couteau suisse des encens, c'est un bel allié de purification et d'alignement.

♦ Labdanum : né du ciste dont le panier renfermant Érichthonios était constitué, cet allié fait le lien entre le végétal et l'animal et permet d'honorer la sagesse serpentine d'Athéna.

Astrologie et facteurs temporels :

♦ Astéroïde Pallas : représenté par un symbole ressemblant à une Vénus anguleuse ou à une petite lance guerrière, cet astre est à étudier dans votre propre charte de naissance pour comprendre votre lien intime avec la fille de Zeus. Cet astéroïde permet de voir comment nous incarnons la nature guerrière équilibrée d'Athéna. Ses placements dans le ciel sont à surveiller pour influencer les énergies de nos rituels.

- 3ᵉ ou 28ᵉ jour de chaque phase lunaire : ces placements lunaires permettent de se relier à Athéna dans la temporalité de sa naissance. Déesse de lune ascendante ou de lune sombre, elle représente une lune mince et se relie notamment, pour les personnes concernées, au temps des menstruations. Le sang menstruel est un outil de travail qui honore la non-fécondation et donc la virginité guerrière d'Athéna et son indépendance farouche.

- La fin juillet correspond à la période des Panathénées. La lune sombre aux alentours de cette période, deuxième lune sombre suivant le solstice d'été, est également un moment parfait pour honorer Athéna.

- Le solstice d'été : célébration des Arrhephoria pour honorer Athéna, la mère vierge d'Érichthonios, sa sagesse serpentine et la traversée des territoires appartenant à Aphrodite.

- La première moitié de juin, période approximative des Plyntéria, célébrant le bain d'Athéna : période de repos, de repli, d'intimité, de purification guerrière.

- La saison de la Vierge et de la Balance : ces deux signes correspondent bien à la nature virginale et équilibrée d'Athéna. Les placements astrologiques en lien avec ces signes peuvent être intéressants à observer. D'autres signes sont bien entendu porteurs d'aspects d'Athéna comme le Sagittaire et son feu guérisseur ou les Gémeaux et leurs polarités complices et intellectuelles...

- Le jeudi et la planète Jupiter ainsi que ses heures planétaires : territoires de Zeus, ce sont également les sièges de pouvoir d'Athéna, fille préférée du roi olympien.

- Le 28 mars : date anniversaire de la découverte de l'astéroïde Pallas.

Quelques idées rituelles

Athéna n'aimant pas le prémâché, j'ai souhaité vous laisser le maximum d'espace de réflexion, de personnalisation et de créativité dans votre initiation à ses côtés. Je vous fournirai cependant, avant de vous laisser avec elle, des idées rituelles inspirées de mon parcours. Voici donc une liste non exhaustive de territoires à explorer avec la vierge guerrière.

- Création d'un cercle de protection rituelle à l'aide du bouclier d'Athéna et amplification du pouvoir et de la précision magique à l'aide de sa lance.
- Méditation d'ancrage avec *Athéna Promachorma.*
- Magie du miroir avec Méduse (intéressant avec un miroir d'obsidienne et du corail en soutien de ce travail).
- Fabrication d'une toile magique liée à votre destin héroïque pour le révéler ou l'actionner.
- Piège arachnéen face aux usurpations et attaques égotiques déviantes.
- Bénédiction de victoire avant une « bataille » avec *Athéna Niképhoros.*
- Magie de domptage avec le mors d'or.
- Confection d'une Eau de Pallas inspirée des eaux de guerre du hoodoo en adaptant les ingrédients et la configuration pour coller à votre vision d'Athéna et votre intention ponctuelle.
- Mue guerrière avec la sagesse du serpent d'Athéna.
- Travail de déploiement de votre mètis et rencontre de l'Océanide.
- Armement de votre force d'amour.
- Magie de retour à la maison inspirée d'Ulysse.
- Amplification du cri de guerre.
- Magie de triomphe de l'intellect sur la force brutale.
- Magie de jugement favorable de l'Aréopage divin.
- Magie d'infiltration destructrice avec le cheval de Troie.
- Bénédiction de votre artisanat par Athéna Ergane...

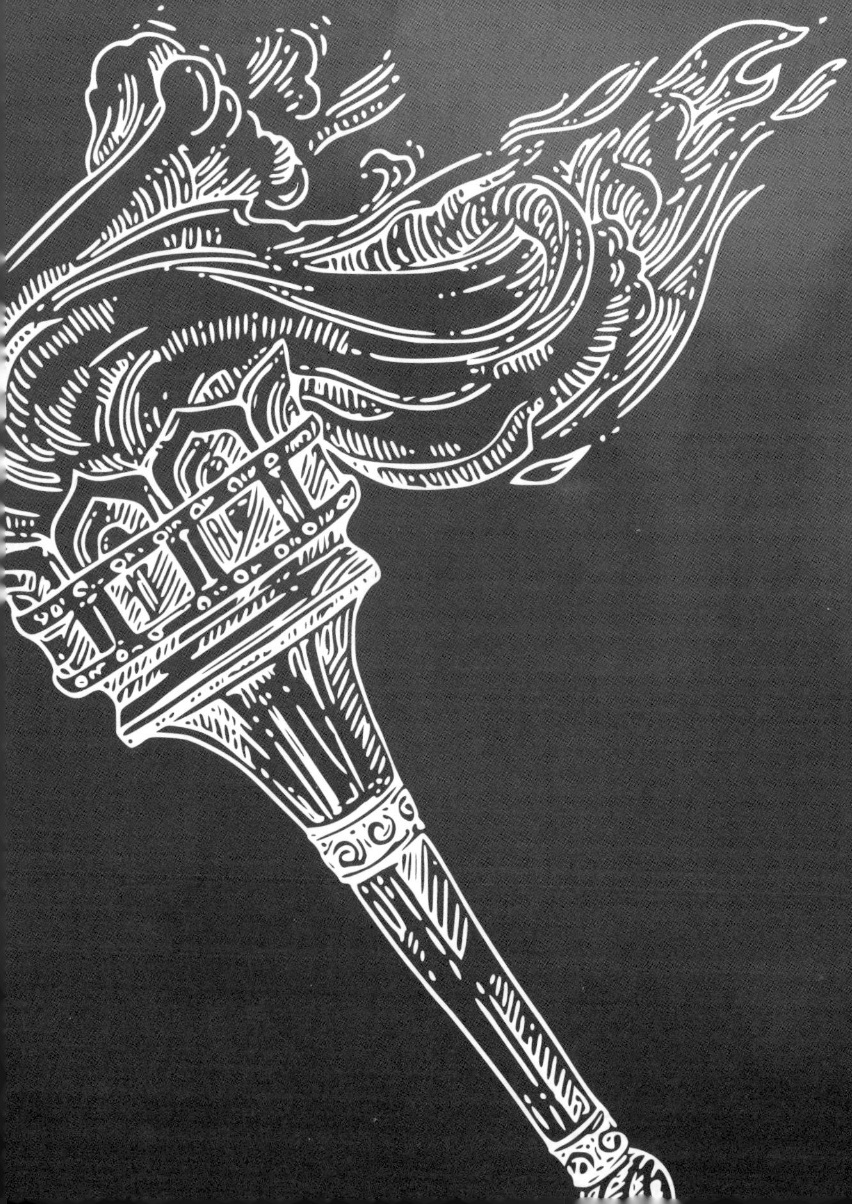

PASSAGE DE RELAIS DE FLAMME

Athéna est une déesse juste et généreuse bien que potentiellement intimidante. Absolue et porteuse d'une nature hors du commun, même pour une divinité, elle permet de faire des pas de géant dans l'initiation alchimique, héroïque, magique, guerrière... Déesse de paix et de civilisation, la stratégie guerrière est son outil pour participer à tisser la toile du Destin humain de façon idéale. Avec elle, la guerre revêt une coloration symbolique noble. Athéna encourage à explorer toutes nos guerres, internes comme externes. Bien que vierge et indépendante, elle insuffle un désir de collaboration. Il est difficile de ne travailler qu'avec Athéna. La richesse de ses mythes montre à quel point sa propre nature est multiple, et ses liens, dans l'adversité comme l'amitié, particulièrement porteurs.

Athéna m'a enseigné bien des trésors de sagesse sur mon cheminement guerrier intérieur et je sais que bien d'autres clés m'attendent entre ses mains. Le moment le plus mémorable à ses côtés fut une épiphanie qu'elle me délivra avec grand fracas. Elle m'encouragea à lâcher ce à quoi je tenais le plus pour gagner la guerre. Elle me plaça en tant qu'Achille, sur le champ de bataille, me rappelant que son talon avait été visé pour le défaire. Elle me fit comprendre que je m'accrochais fiévreusement à mon propre talon, comme Thétis tenant le pied de son guerrier de fils en le trempant dans le Styx, rendant le fameux talon vulnérable. Athéna me pria de lâcher ce talon pour devenir inattaquable. Ce fut l'une des choses les plus dures à réaliser de ma vie. Lâcher ce que je voulais protéger pour accéder à un niveau supérieur d'invulnérabilité. Quand ce palier fut franchi, je sentis, alors que je marchais dans la rue, résolue, dans l'acceptation la plus totale qu'il m'ait été donné de goûter, une chaleur saisissante sur mon front, la vision d'une flamme s'élevant haut au-dessus de ma tête dans un alignement suprême accompagnant ce brasier de sensations. La présence d'Athéna n'avait jamais été aussi lourde à mes côtés. La flamme des héros était totalement allumée sur ma tête, rayonnante, lancinante, tonitruante. Pourtant, la victoire promise ne ressemblait pas à mes idéaux humains. Cette victoire athénienne était douce-amère. Elle sentait l'épuisement, les concessions, la rage ravalée. Mais j'ai compris, ce jour-là, que la victoire divine portée par Athéna voit plus loin et que c'est cette victoire qu'il faut faire descendre ici-bas. Celle qui est reliée au destin héroïque. J'avais goûté au poison de Méduse et j'avais trouvé un moyen de m'en faire un remède. L'immunité d'Athéna s'explique par ses assauts subtils, discrets, patients, mais ses conséquences sont définitives et résolument alignées avec l'idéal guerrier qu'elle porte.

Athéna apporte un soutien indéfectible à qui saura effectuer le chemin à ses côtés. Sa puissance faramineuse prend aux tripes et inspire à rester debout. Elle m'a appris une endurance dont je ne me croyais pas capable. Avec elle à mes côtés, je sais désormais que je peux avancer, même dangereusement blessée, exténuée au-delà de ce que les mots pourraient exprimer. Elle m'a transmis l'un de ses mystères, la nudité guerrière, l'armure à même l'âme. Tant que je laisserai la flamme sacrée brûler sur ma tête, rien n'éteindra ce feu guerrier.

J'espère avoir retranscrit avec justesse ce qu'Athéna m'évoque afin que vous ayez envie de partir à sa rencontre si ce n'est pas déjà fait. Son mythe attend d'être réinterprété dans votre propre psyché afin de révéler l'or qu'Athéna garde en elle pour vous. Je vous passe à présent le relais de la flamme héroïque qui sait, mieux qu'aucune autre, se démultiplier à l'infini.

Avec Ombre et Amour,

Iria

Remerciements

Mes premiers remerciements chaleureux, côté Athéna, vont à Laura qui a incarné la marraine bonne fée de cette création. Merci beaucoup également à Alicia pour l'illustration prodigieuse qu'elle a réalisée de ma bien aimée Patronne.

Mes seconds remerciements, côté Méduse, vont aux personnes qui ont fait de moments formateurs de ma vie un champ de bataille et de survie, et qui ont, dans leur violence, leur recherche fébrile de domination, leur faiblesse et leur folie aidé à forger la guerrière que je suis. Je pave mon Grand Œuvre à l'aide des yeux qu'ils ont ouverts à la dynamite en cherchant à les fermer. L'œil devient voix. La voix devient main. La main, incassable, devient légion. Alignement.

Bibliographie

Livres

Andrieu (Gilbert), *Athéna ou la raison*, L'Harmattan, Paris, 2018.

Apollodore, *La Bibliothèque*, L'Aire, Vevey, 2014.

Auset (Prêtresse Brandi), *Le Guide de la déesse*, Danaé, Toulouse, 2021.

Barastégui (Corinne), *Athéna*, Ellipses, Paris, 2017.

BODIOU (Lydie), *Chemin faisant : Mythes, cultes et société en Grèce ancienne*, Presses universitaires de Rennes, Rennes, 2009.

Bowie Johnson (Robert), *Athéna et le jardin d'Éden*, Le Jardin des Livres, Paris, 2013.

Brandt Riske (Kris), *Le Grand Guide de l'astrologie*, Arcana Sacra, Toulouse, 2021.

Caiozzo (Anna) et Ernoult (Nathalie), *Femmes médiatrices et ambivalentes*, Armand Colin, Malakoff, 2012.

Chevalier (Jean) et Gheerbrandt (Alain), *Dictionnaire des symboles*, Robert Laffont, Paris, 1989.

Commelin, *Mythologie grecque et romaine*, Pocket, Paris, 1994.

Cunningham (Scott), *Des rêves et des dieux*, Danaé, Toulouse, 2021.

Cyrulnik (Boris), *Les Vilains Petits canards*, Odile Jacob, Paris, 2004.

Deacy (Susan), *Athena*, Routledge, Londres et New York, 2008.

Desautels (Jacques), *Dieux et Mythes de la Grèce ancienne : la mythologie gréco-romaine*, Les presses de l'Université Laval, Québec et Ottawa, 1988.

Detienne (Marcel) et Vernant (Jean-Pierre), *Les Ruses de l'intelligence : la mètis des Grecs*, Flammarion, Paris, 2018.

Dorsey (Lilith), *Magie de l'eau*, Danaé, Toulouse, 2021.

Euripide, *Les Troyennes*, FB, Crissier, 2015.

Eschyle, *Tragédies complètes*, Folio, Paris, 1982.

Forestier (Amandine), *La Protection par les pierres*, Améthyste, Toulouse, 2021.

Frontisi (François), *Dictionnaire des mythologies*, Flammarion, Paris, 1981.

Gorse (Julie), *Décryptez votre thème astral*, Hachette, Paris, 2019.

Graves (Robert), *Les Mythes grecs*, Le Livre de Poche, Paris, 2005.

Grimal (Pierre), *La Mythologie grecque*, Presses universitaires de France, Paris, 2013.

Hamilton (Edith), *La Mythologie*, Marabout, Paris, 1978.

Hésiode, *La Théogonie, les Travaux et les Jours et autres poèmes*, Le Livre de Poche, Paris, 1999.

Homère, *Iliade*, Les Belles Lettres, Paris, 2019.

Homère, *Odyssée*, Flammarion, Paris, 2017.

Kenner (Corinne), *Tarot and astrology*, Llewellyn, Woodbury, 2011.

Kynes (Sandra), *La Sagesse des cristaux*, Danaé, Toulouse, 2018.

Loraux (Nicole), *Les Enfants d'Athéna*, Seuil, 2007.

Mason (Asenath), *Visions nocturnes : par-delà les ombres*, Chronos Arenam, Toulouse, 2016.

Mueller (Mickie), *Le Miroir de la sorcière*, Danaé, Toulouse, 2019.

Ovide, *Les Métamorphoses*, Gallimard, Paris, 1992.

Pausanias, *Description de la Grèce*, tome 1, *L'Attique*, Les Belles Lettres, Paris, 2002.

Platon, *Le Banquet*, Flammarion, Paris, 2016.

Piobb (Pierre Vincenti), *Vénus, déesse magique de la chair*, Alliance Magique, Toulouse, 2015.

Salles (Catherine), *La Mythologie grecque et romaine*, Hachette, Paris, 2003.

Seranill (Antinoüs), *Manuel d'hellénisme*, Danaé, Balma, 2022.

Virgile, *Bucoliques, Géorgiques*, Folio, Paris, 1997.

Virgile, Énéide, Folio, Paris, 1991.

Articles

Gysemberg (Victor), « Le tirage au sort des provinces divines chez Homère (*Iliade* 15, 185-199) et ses antécédents mésopotamiens : un état de la question », *Revue des études grecques*, tome 126, fascicule 1, Les Belles Lettres, Paris, janvier-juin 2013.

Kauffmann-Samaras (Aliki), « Le lit d'Héra dans l'Héraion d'Argos », *Ktèma* : civilisations de l'Orient, de la Grèce et de Rome antiques, Presses universitaires de Strasbourg, Strasbourg, 1990.

Lozat (Mélanie), « Prométhée et l'humanité », *ASDIWAL*, Genève, 2007.

Pucci (Pietro), « Prométhée, d'Hésiode à Platon », *Communications*, Paris, 2005.

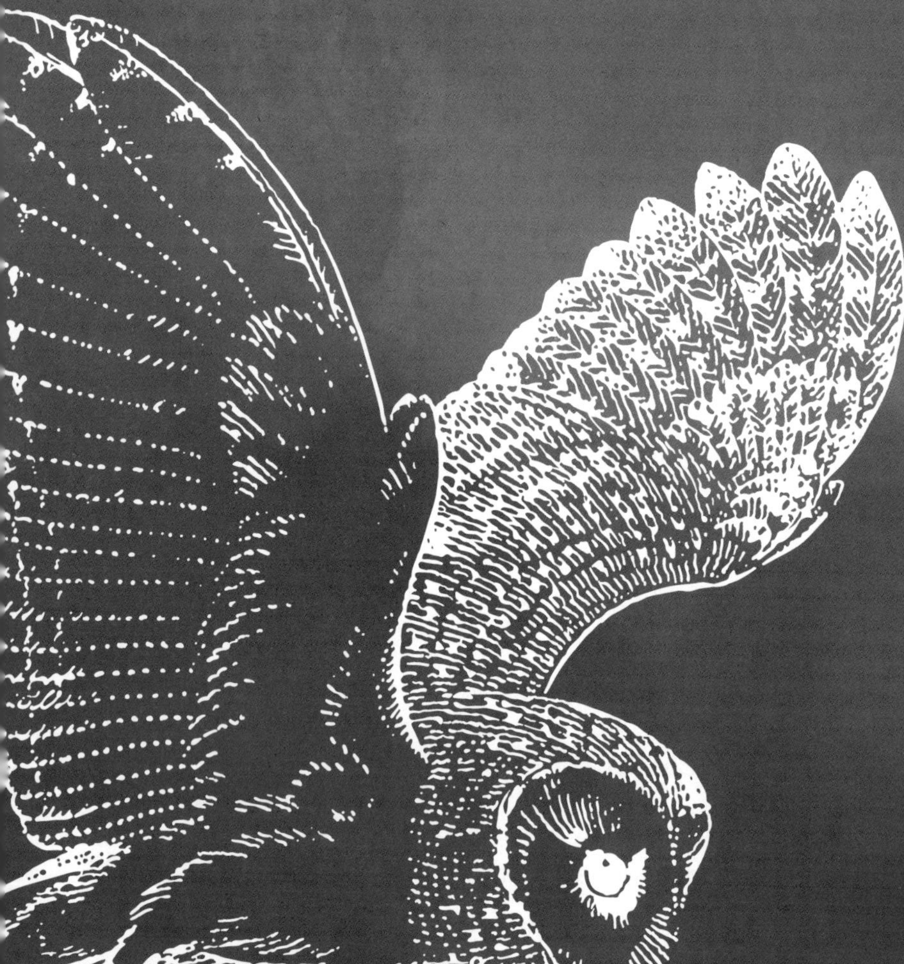

CRÉDITS

Illustrations de la chouette et des lances sur les pages de droite : © Alicia Mathieu

Illustrations et éléments décoratifs :

© Adobe Stock : Fond texturé foncé : Marje ; pomme et mains p. 17 : croisy ; portraits p. 48 : kuco ; acropole et mouette p. 136 et statue p. 176 : Lucky Project ; torche p. 172 : KseniaKrop ; livre et parchemin p. 178 : SpicyTruffel ; chouette p. 182 : joris17.

© Shutterstock : Athéna p. 8 et 142 : Christos Georghiou ; branches d'olivier : Evgeniya_Homa ; méduse p. 106 et pagination : Croisy.

Dépôt légal : mai 2023 - N° imprimeur : 042375031

Imprimé en France en mai 2023 par Présence Graphique - Monts